思考力を育む道徳教育の理論と実践

◆コールバーグからハーバーマスへ

浅沼　茂　編著

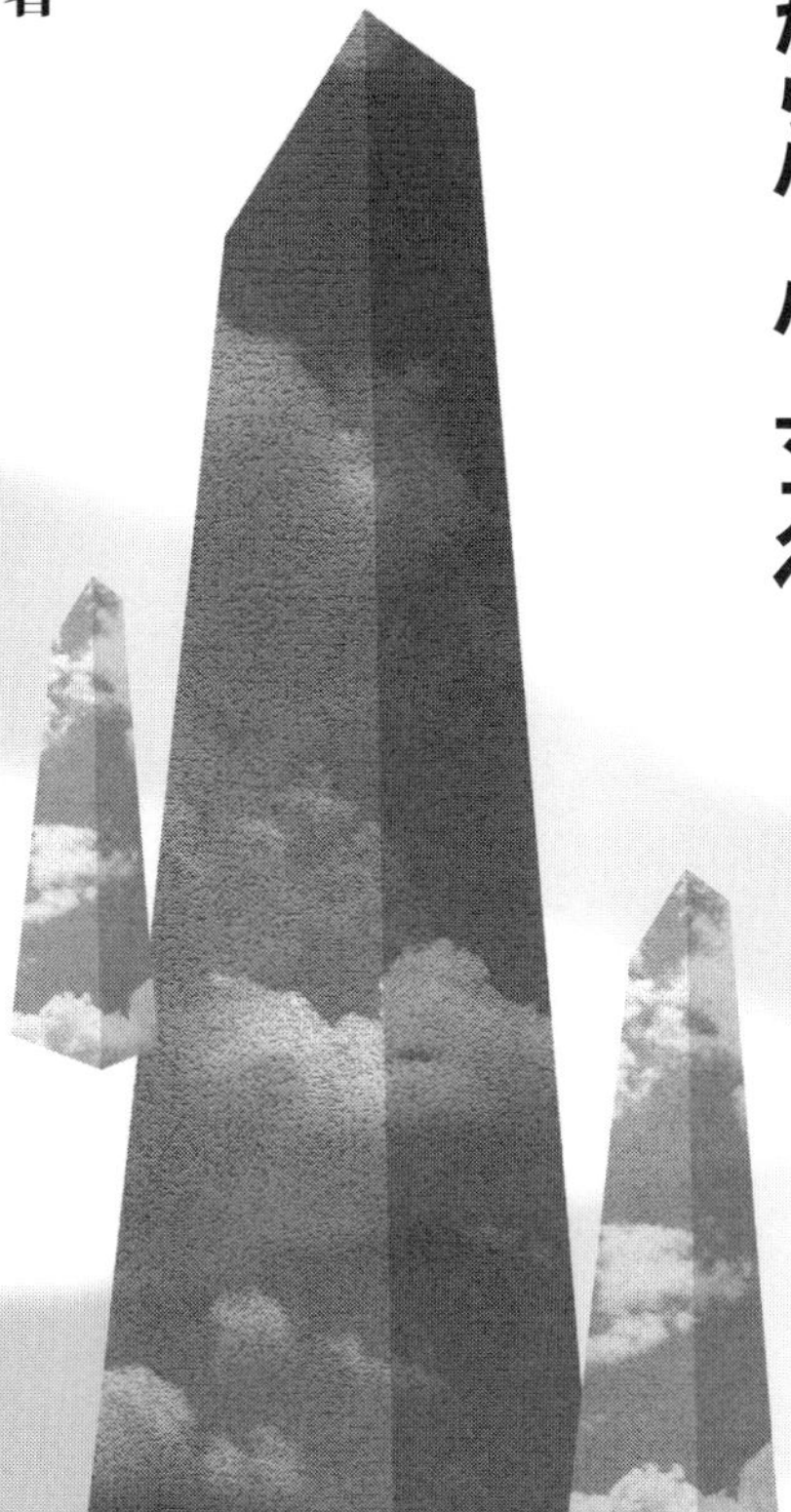

黎明書房

はじめに

本書を思い立った理由は、いくつかある。

第一は、カリキュラムに関わる時代背景の問題である。現代ほど日本の教育界においてカリキュラムの内容が話題となっている時代はない。ゆとり教育を初め、学力低下論やキーコンピテンシーや小学校英語導入など、多様な考えが出ては消えていくという、この時代の移り変わりの早さである。このことは、何を意味しているのであろうか。それは、国語・算数・理科・社会・体育・音楽・図工というような教科の定番の図式が変わっていくということを意味している。

しかし、日本の教育課程のすばらしさは、このような時代の変遷を経ても、そろばんや書道というような領域はなくすことなく、しっかり、今でも学校の中に生きているということである。ICTや総合的学習の時間や英語が入ってきても、まだ、運動会は、学校のカリキュラムとして重要な位置にあるし、これからもずっとそうであるということである。

このような時代の変遷を経ながらも、道徳教育は、戦後の一時期を除き、カリキュラムとして不動の地位にあり、今後ともそうであることは、変わりない。しかし、道徳教育は、これまでの教化思想の伝統的なイメージが支配的であり、それが私たちの生活について考える力やスキルには結びついていないと思われてきた。

そこで、私が米国留学以来、考えさせられてきた日本のこのような道徳教育のあり方を変えるという思いは、カリキュラムの理論を学べば学ぶほど強くなっていった。特に、「批判思想」と称されるカリキュラムの理論の「批判」という用語は誤解を与えがちである。それは、正しくは、「自己反省」というような意味に捉えるべきであって、日本語の感覚からは、そのような意味が伝わりにくい。つまり、自己反省を迫るカリキュラムとはどのようなものなのか、そして、それは、本当に良い結果をもたらすのであろうか、という問題である。

第二は、日本の文化の根底にある「恥」や「他者志向」の価値観についてどうにかならないのかという、文化改造への意欲である。この思いを強くしたのは、最近のＮＨＫの番組、マイケル・サンデルの白熱教室を見たときのことである。

サンデルは、日本のいくつかの中学校から数十人生徒を招いて、番組の中で、ずばり、他の子がいじめられているのを見てあなたならどうするか、という質問をした。半数以上の生徒が、その子を助けると今度は自分がいじめられてしまうから、黙って見ていると答えていた。

この生徒たちは、番組に特別に集められた優秀な生徒たちである。この答えは、卑怯者のように聞こえるが、私はこの子たちを責めることはできないと思った。それは、まさに、状況を察知して、自分の身を守ろうとする多くの大人たちの生き方でもある。自分の身を守るという生き方に対して、自分のこれまでの生き方を考えるとどうして責めることができようか。でも、それでよいのだろうか、という後味の悪さがこの判断には、ついて回る。

このような中で、サンデルが優れたコンダクターであると思ったのは、この生徒たちに対して、「それは正義ですか」という大上段からの切り方をしていなかったことである。そのように問い詰める代わりに、「それはなぜだろう」という理由を問いただして、生徒に自己分析をさせていた。この質問の仕方は、すばらしいと私は、思った。

道徳教育は、既製の価値をすり込んだり、既製の徳目をそのまま教授することにあるのではない、とかねがね私は思っていた。それは、自分のもっている価値について考えること、振り返って見ることにある。つまり、なぜかという理由を考えたとき、生徒たちは自分の判断が周りの人を気にするという「空気」あるいは、「雰囲気」の中で自分を埋没させようとしていることに気がつくことになる。つまり、それは、正しくはないが仕方がないと思っている自分がいるということを見つめなければならないということになる。

では、「正しい」と「仕方がない」という価値はどちらがどれだけ優れているのであろうか。このようなことを真剣に考えなければならない。この問題は、ユルゲン・ハーバーマスが提起した「判断」と「行為」との乖離という問題である。正しいという判断は、正しい行為をそのまま導く訳ではないということである。でも、その行為を前提としなければ、正しい判断を導くことはできない。この判断と行為との緊張関係において個々人は、より深く考え、道徳的判断の複雑さ、思考力の高度化を体験するようになる。たとえば、ウィキリークスのスノーデンは、内部告発を実践し、世間では英雄視されている。しかし、彼はもう故郷には帰れない。バーチャルな世界では、正義としてもてはやされても、国家間の関係では、国家的な犯罪として指名手配されることになる。あなたならできるかと問われたならば、判断のレベルとはいえ、そう簡単に答えの出るものではないということがわかるだろう。この逡巡こそが道徳的思考力を高める原動力なのである。

第三は、何か矛盾がないように考えられているこのような「正義」という価値観が、実は自分が生きている現実、「仕方がない」と両立ができない問題を含んでいるのだと認識したとき、自分の生き方を考えざるを得ないようになるという真剣さへと導くことになるということである。

現在、道徳教育が、どうしても既製の価値を教えこむという方法が主流となっているのに対し、道徳教育に思考力を育む方法があり得るということをモデルとして示したいと思った。道徳教育は、考える力、思考力の発達につながる重要な勉強であるということでもある。つまり、「そう考えてしまう自分について考える」という深い思考力を要求しているのである。

特に、人間は、ただ考えなさいというだけでは何も考えない性質をもっている。考えるということはただ考えるのではなく、考える「何か」があるから考えるのである。そして、人間は「価値葛藤」においてはじめて問題を問題として捉え、考えるようになるということである。このことは、道徳価値の葛藤を考えるときにはじめて真であると、人間は認識するようになるのである。

第四の理由としては、時代の要請ということがある。現政権下では、「教育再生実行会議」が、文部科学省の制度的な枠組みを超えて、道徳の教科化を推進するというので世間の大きな話題となっている。教科となれば、子どもたちをどのように評価するかということが大きな問題となる。一体どうすればよいのだろうか。

もともと、道徳は、教育の世界だけではなく、日本の文化、精神に関することが話題となり、国民の大きな関心事ではある。しかし、不幸にも、それは、日本の戦争に至る戦前の教育の歴史を思い起こさせるものとして、戦後タブー視されてきたものであった。それが最初に見直されたのは、朝鮮戦争以降の日本の復古主義と教育の現代化の動きと相まって出てきた教育課程改定であった。いわゆる一九五八年体制の下、小学校・中学校において道徳は、週一時間の授業がおこなわれることになった。それまでの「自由研究の時間」は、なくなり、特別の時間を設けるようになったのである。その後、道徳教育の教材は、自由市場となり、戦前の修身教育に代わるものとして多くの会社が副読本を出すようになってきた。そして、実際の道徳教育の授業は副読本を使ってやる場合、学級会をする場合、他の授業の補講に使う場合など、教師の裁量が大幅に許されている自由な時間としてあった不思議な時間でもあった。いや、現在もそのような形で道徳教育を「実践」している学校もある。他方、東京都のように、長崎の児童による同級生殺害事件以来、年三五時間分の週案をきちんと書くように指示され、それが実際に「実践」されてきたのかをチェックするような場合もある。

現代の道徳教育について問題となるのは、この「実践」の内容と方法である。一般的に、道徳教育については、基本的に大きな誤解がある。何かの徳目について物語なり、エピソードなりを教師が話をする、あるいは教師がちょっとした問いかけをするなどして、「正解」を言わせるというようなやり方をすれば、生徒が徳目を学習し、その徳目通りに道徳的生活を実践するであろう、という間違った仮定がある。しかし、もし、そのような仮定にもとづくこれまでの道徳教育が万能であるというなら、どうして、いじめや暴力が学校生活において減らないのであろうか。

スマホやアイフォーンや家庭環境の変化による学校生活や教師への期待の変化が以前とは違ったものになってきたという指摘が多くの人によってなされている。それに対して現代の道徳教育は、何故これほど無力なのであろうか。すべての問題に対して万能である道徳教育は存在しないと思うが、少なくともこれまでの道徳教育よりもより良い内容と方法があるのではないかというのが本書の企画を思い立った大きな理由である。

二〇一八年一月一日

浅沼　茂

目次

はじめに　1

第一部　思考力を育む道徳教育の理論　11

1　これまでの道徳教育の授業：学習指導要領に基づく例　12
ある道徳教育例――小学校二年「われたまどガラス」　13

2　これまでの道徳教育を超えるテキストの開発　15
(1)　コールバーグの道徳発達段階論　15
①　慣習以前のレベル　16
②　慣習的レベル　17
③　脱慣習的なレベル　17
(2)　価値明確化と倫理的価値相対主義　18

(3) 文化相対主義と「公正」という概念　19
ハインツの問題　19
(4) 日本のコールバーグ派とハーバーマス的観点からの批判　24
—相互理解と自己の役割を見つめる視点の重要性—
(5) コールバーグ派の実践事例の具体的な問題点　27
① 下北のサル（小学生）　27
② 甲子園出場辞退（中学生）　29
③ 文通と友情（中学生）　31
(6) ギリガンの移行段階の増設の問題　33
3　本書における道徳教育の方法の特長　34
(1) 自己覚醒（気づき）のための価値葛藤　35
(2) 論理的思考力を伸ばすための価値葛藤　39
(3) 「第二部　実践編」の問題解決教材のフォーマット　40
4　相互理解と対話の観点から既存の道徳教材を見直す道徳教材例A
（アリとキリギリス）（小学一年生）　44
実際の小学校一年生の授業　46

5　相互の立場からの複層的配慮が「相互理解」にいたる道徳教材例B
（家族か社会正義か）（高校一年生）　51
実際の高校一年生の授業　53
注　57
第二部　思考力を育む道徳教育の実践　63
実践1　アリとキリギリス「キリギリスさんはずるいですか」（小学一年生）　64
実践2　ある教室での実践例「下北半島のサル」（小学四年生）　83
実践3　長谷川くん「一人はみんなのためにみんなは一人のために」
（小学四年生）　112
実践4　ライシテ：政教分離と信教の自由「国家と宗教」（中学三年生）　126

実践5　娘たちをおいて出稼ぎに行くべきか？　それとも……
「アフリカの看護師ドーマさんの苦悩」　149

実践6　会社か家族か　組織と個人［現代社会（一）私たちの生きる社会］
「内部告発はどこまでできるか」（公民・現代社会）　165

実践7　あなたはパンをぬすみますか「通信制高等学校生の居場所と学習」
（公民・現代社会）　177

第一部　思考力を育む道徳教育の理論

1　これまでの道徳教育の授業：学習指導要領に基づく例

これまでの副読本を使う授業は、どのようなものであったのだろうか。

まず、学習指導要領に従って並んでいる典型的な事例を見てみよう。たとえば、小学校五・六年生においては、

「生活習慣・節制」
「希望と勇気」
「自由と自律」
「誠実」
「真理探究」
「個性伸張」
「礼儀」
「思いやり・親切」
「思慮・反省」
「友情・助け合い」
「寛容」
「尊敬・感謝」

「生命尊重」
「自然愛・環境保全」
「敬虔・畏怖の念」
「公徳心・遵法」
「公正・公平・正義」
「集団生活への参加」
「勤労・社会奉仕・公共心」
「家族愛」
「愛校心」
「郷土愛」
「国際理解・親善」

などとなっている。このような徳目に関しては、特に、合意があり、それ自体に反対する人はいないと思われる。しかし、このような項目で実践的な道徳的価値観は養うことができるのであろうか。

ある道徳教育例——小学校二年「われたまどガラス」

一つのわかりやすい例をあげよう。

小学校二年生「われたまどガラス」では、ある転校生が掃除の時間に張り切って、椅子を持ち上げたとき、間違って廊下側の窓ガラスを割ってしまった事件についてストーリーが述べてある。みんな、心配してバケツ、ほうき、ちりとりなど持ち寄って片付けようとした。用務主事の人、先生もきて、片付けた後、先生がどうして割れたのか尋ねたら、転校生が係の仕事を一生懸命しようとしていたんだとか、かばってくれた。このみんなの姿をみて、感動し、その学校がとても好きになったという物語である(1)。

いじめにあいがちな転校生は、いつもびくびくしなければならない気持ちでいることはない、協力的で転校生にやさしい同級生もいるのだよ、クラスのみんなも仲良くね、というメッセージである。

この物語自体には、特に問題はない。しかし、問題は、それを読んだものがそのとおりに受け取って、そのように行動するかということにある。一度自分の心の中で問いかけて我が身を振り返って、自分ならどうしていたかを考えるというステップをなくして、何を考えようというのであろうか。子どもは、素直にその物語どおりに行動するのだろうか。もし、ストーリーにあることをそのまま読んで聞かせて、子どもがそのように実行するならば、みんな仲良く、いじめの問題は、これほど深刻なものとはならないはずである。

副読本の多くは、昔の偉人、動物を助ける子どもの姿など、みな良い人が主人公である。生徒は、単純にそのような良い人、すばらしい仲間のおこなった行為に素直に感動し、その行為をほめ讃えるということで良いのである。

しかし、生徒に、善悪の判断を迫るような要素がない。判断は、すでにそのテキストの中に示されている。何も考える必要はない。したがって、学習者としての生徒の立場は、ただ、素直にそれを受け取るだけに終始する。このようなテキストでは、先に答えが与えられている。したがって、何を問題としているのか、不明である。生徒は、何を考えるというのであろうか。ここには、生徒の思考力を育む道徳教育はないといえよう。

2 これまでの道徳教育を超えるテキストの開発

道徳的価値は、知識のように暗記するだけでよいのであろうか。善悪の価値について考えるのが、道徳教育なのではないだろうか。道徳教育論においてこのような善悪の価値判断を迫る方法は開発されてきたのであろうか。このような問いかけに対して、ローレンス・コールバーグの道徳発達段階論は、きわめて重要である。

(1) コールバーグの道徳発達段階論

コールバーグの道徳的価値発達論は、すでに多くのところで紹介されて来ている。ここでは、そのエッセンスをまとめてみよう。まず、コールバーグの道徳的価値発達論は、ピアジェの認知的な自然発達の構造に基づくものである。つまり、ピアジェは、認知的発達を次のような三つのレベルに分けている。

コールバーグの道徳的価値発達論

①　慣習以前レベル	第１段階　懲罰と服従に基づく行為の段階
	第２段階　道具的な理由と報奨による行為の段階
②　慣習的レベル	第３段階　対人同調，よい子志向による行為の段階
	第４段階　社会における秩序，法律，規則，義務に従う行為の段階
③　脱慣習的レベル	第５段階　社会契約的な価値に基づく行為の段階
	第６段階　普遍的原理としての個人の尊厳と良心に基づく行為の段階

①　伝統・因習以前のレベル
②　伝統・因習レベル
③　伝統・因習を超えるレベル

そして、コールバーグは、この三つのレベルをさらにそれぞれ、二つの段階に分け、合計六段階の構造に分けている。つまり、六つの発達段階を「道徳的な価値発達段階」に分けると次のように、構造化できるというものであった。

①　慣習以前のレベル

第一段階：懲罰と服従に基づく行為の段階。すなわち、規則や権威に盲目的に服従し、「怒られるから」とか、「ぶたれるから」とかいうように、何か罰や権威に対する恐怖心だけを基に行動する。

第二段階：ごほうびがもらえるからやるというような個人の利害や応酬に基づく道具的理由と報奨による行為の段階。すなわち、自分自身の利害に合致するという理由で行動する。「やられたらやり返す」

とか、「何かごほうびをくれるからやる」とか、恩があるからやるとかいうように、損得や復讐の論理で判断する場合である。

② 慣習的レベル

第三段階：対人同調、よい子志向の段階。すなわち、身近な仲間、家族、集団の中でのみ役割と期待にあった行動をする価値を選択。「他の人が見ているから」「恥ずかしいから」というような自分と他者の位置を意識することを意味する。それは、他の人の視点と自分自身が持つ視点を区別することができることを意味する。

第四段階：社会における秩序、法律、規則、義務に従う段階。規則だから、そうするとか、法律だからそうする、というようにすでにある決まりがすべて正しいものであるということを前提に行動する段階。それは、逆にいうと、決まりごとが間違っている場合でも、それにそのまま従うということを意味する。

③ 脱慣習的なレベル

第五段階：社会契約的な価値に基づく行為の段階。単純に法律であるからとか、社会秩序を守るということにとどまらず、生命や自由のように、多数派の意見を超えるような価値や権利を主張する場合があると考える。家族、友情、信頼、労働などの義務は、単なる与えられたものとしてではなく、自らが納得し、意志において参加する契約に基づくものと考える。

第六段階：万人が従うべき普遍的原理としての個人の尊厳と良心に基づく行為の段階。自己の内面の良心に従う。

(2) 価値明確化と倫理的価値相対主義

なぜ、以上のようなコールバーグの構造化された価値発達段階論が出て来たのであろうか。それは、米国の一九六〇年代に登場する「価値明確化（values clarification）」が道徳教育において大きな位置を占めていたからである(2)。この理論は、極めて明確でわかりやすいし、実践しやすいということでもてはやされることになった。それは、一定の価値の強制的な押しつけはないし、セラピー的でもあった。

この方法がもてはやされた理由の一つには、エリック・エリクソンのいうような、アイデンティティ・クライシスから若者の道徳的価値観の混乱が生じているという仮説に大きく依拠している。それは、一つの価値を絶対視しないし、多様な価値への相対主義的な考え方によっている。価値相対主義的であるということは、価値の対立を避けることができるということで、その敷居の低さから普及することとなった。

その実践は、非常に明快かつ単純である。アイデンティティ・クライシスに陥っている生徒たちに、自分の好きな趣味は何か、好きな食べ物は何かというような質問紙を用意してそれに答えさせる、それによって自分の価値について自覚するというものであった。これがアイデンティティ・クライシスを克服する価値明確化であるというものであった。この理論の基礎には、カール・ロジャーズの顧客中心のカウンセリング理論があり[3]、カウンセリング的な入りやすさから、多くの支持者を得た。

しかし、この価値明確化の理論は、そもそも、価値相対主義には、価値の対立を避け、ファシズム的価値も一つの価値であるとするような立場も許されることになる。それは、自分の存在をも否定する価値をも認めるというのであるから、相対主義にある根本的矛盾を解決できない。このような論理的矛盾を解決できない価値明確化の倫理相対主義に対してコールバーグは、真っ向から立ち向かったのである。

それは、価値普遍主義とも呼ばれる方法である。心理学者の内藤俊史は、倫理的相対主義は、論理的な矛盾を含んでおり、それ自体があり得ない論理であることを明確にした。彼は、道徳教育は、どのような価値が優れているかという優越を教えることではなく、その判断ができるようになるための合理的な方法を身につけさせることが重要なのである、と述べていた[4]。

(3) 文化相対主義と「公正」という概念

ここで、コールバーグが使った価値発達段階を測る道具について説明しておこう。

ハインツの問題

ヨーロッパのある町でハインツという男の妻がガンにかかって死にそうでした。妻は、一〇〇〇万円もするある薬が手に入れば助かるかもしれないということを聞きました。ハインツは、貧乏でお金がありません。ある日、その薬を開発するのに大変な苦労をしている博士の元に、ハインツは、押し入り薬を盗みました。この行為は、許されることでしょうか。

コールバーグは、この問題に対して世界中の生徒たちがどのような答え方をするかによって、六段階の道徳性発達の尺度によって判定した。アメリカ、台湾、メキシコ、トルコ、ユカタンなど、世界中の子どもたちが、国、宗教、人種の違いを超えて、普遍的に同じような認知的道徳発達段階の構造をもっていることを示した。

しかし、この普遍的とされる発達段階についてより精密に見てみると、台湾などは、第三段階の生徒が他の国よりも多いという数値となっている。このことは、日本においても同じように指摘される違いである。

日本において調査を行った山岸明子は、日本の生徒も第三段階が多いと述べている(5)。そして、日本の文化的な傾向が子どもの価値発達において国による違いをもたらしていることを説明していた。この違いが「文化」に由来するものであるのか、それとも「価値」の発達段階の違いによるものであるのか、という問題は、道徳教育の方向を見極めるために非常に重要な問いかけとなる(6)。

山岸は、コールバーグの価値尺度を「社会的視点、功利性視点」であるタイプAと「感情的で現実的」「他者」の視点をもったタイプBに分けて、コールバーグの尺度を拡張して定義し直している。「タイプBは、心情的なものを重視する日本の文化と関連しており、公正というものより、自己

コールバーグによる世界の道徳的発達段階の比較

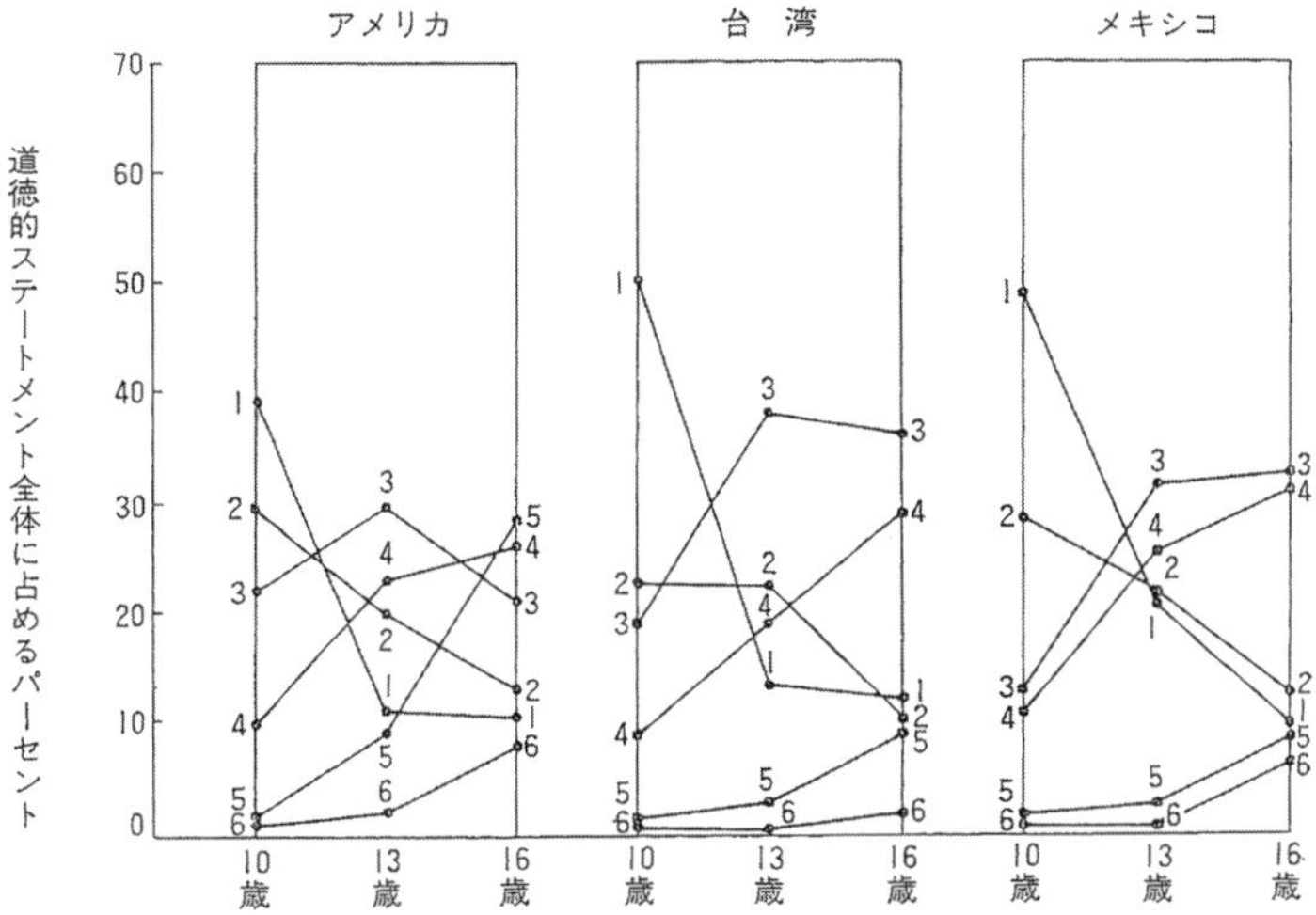

図１　アメリカ合衆国，台湾，メキシコの都市における中流階級の少年の道徳性発達段階

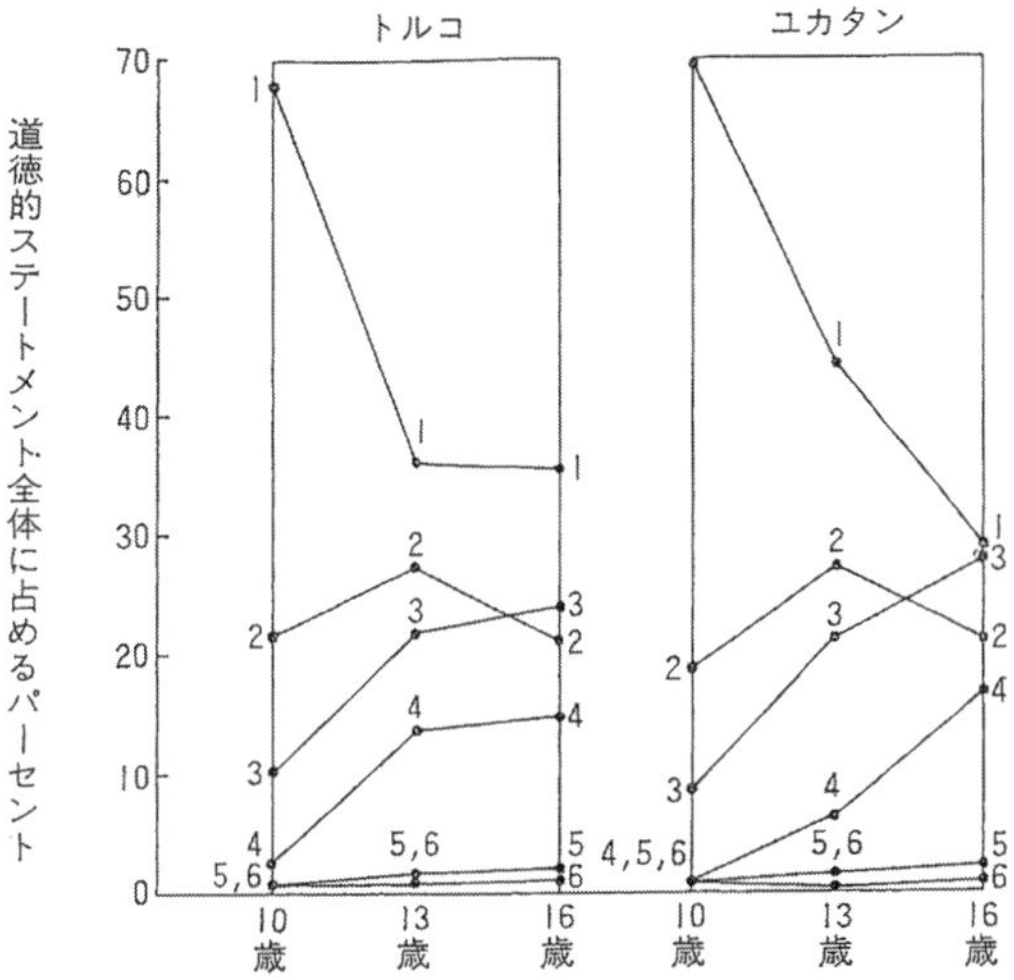

図２　トルコとユカタン州における二つの孤立した村落の道徳判断の型

永野重史編著『道徳性の発達と教育』（新曜社，1985 年，34-35 頁）

の誠実さという心情的、私的かかわりを重視する価値観と関連していると思われる」(7)と述べ、それが国の文化の違いに由来するものとして捉えている。

しかし、価値尺度の問題は、文化が違うというだけでは解決しないのである。つまり、それがたとえ文化の違いではあっても、その文化の違い自体が、価値の発達段階という観点からは、レベルの違いとして捉えられてしまうということにある。すなわち、日本の文化価値の発達段階が低いので、より高次の発達段階へと変えることを目指すべきだということになるのかという点にある。言い換えるなら、日本の子どもたちの道徳的発達段階は、その文化の発達段階が低いから、より高くなるように道徳教育により改善すべきであるということになる。すなわち文化的価値に高低があるのを認めるのかということになる。

ユルゲン・ハーバーマスは、問題がこのように自然的発達段階論としての道徳的発達段階論の普遍性を意図していたのに、民族や国の文化によって発達の差違が示されることの深刻さについて気づいていた(8)。

だからといって、ハーバーマスは、脱慣習レベル以前の発達段階において文化と価値を分け、「形式主義的」で普遍的な価値発達段階という尺度を作り上げたコールバーグの業績を否定しているわけではない(9)。それは、あくまでも、脱慣習レベルにおける心理学者と被験者との上下関係の仮定を批判しているのである。そこには、被験者に対する文化的な優位という自明の前提が隠されているという指摘なのである。この問題は、生徒の判断を評価する際に、生徒の価値判断を採点者が公平にできるのであろうか、という疑問につながる。

ハーバーマスの道徳的価値発達論

① 慣習以前レベル	第１段階　懲罰と服従に基づく行為の段階
	第２段階　道具的な理由と報奨による行為の段階
② 慣習的レベル	第３段階　対人同調，よい子志向による行為の段階
	第４段階　社会における秩序，法律，規則，義務に従う行為の段階
③ 脱慣習的レベル	第５段階　対話による相互理解のある段階
	第６段階　良心と社会的正義の統合

ここにおいて、この疑問は、ハーバーマスが指摘するように、脱慣習レベルでの文化の差の問題を解決するような発達段階の枠組みの修正は可能なのであろうか、という私たちの問いかけへとつながっているのである。ハーバーマスは、行為規範の「妥当性」ないし「正当性」が文化の差異、そして文化の高い低いという問題につながっていることを認識していた(10)。

この問題は、たとえば、文化人類学者ルース・ベネディクトが『菊と刀』の中で、日本の文化を「恥」の文化として捉え、欧米にあるキリスト教的な文化を「罪」の文化として捉えていたことが、文化のレベルの違いとして理解するかどうかという問題につながっている。

文化的価値相対主義者は、このような文化差に上下関係があることを認めないであろうし、他方、倫理的価値普遍主義者は、恥の文化が罪の文化よりも下の段階として位置づけることをやめないであろう。

ハーバーマスは、この対立を「発達の論理の概念を厳密化」することによって止揚できるものと考えている。それは、どのようにして可能なのであろうか。本書も、このような修正が可能であるものと仮定する(11)。

ハーバーマスは、このように、コールバーグの言うような脱慣習化された段階におけるパースペクティブが「ディスクルス的な対話」（自己を見つめる自分）ないし、対話的「コミュニケーション的行為」によって置き換え可能であると考えている。つまり、コールバーグの提起する第五段階においては、対話による相互理解があるかないかが問われ、正義、あるいは罪の意識という内面性の価値によって裁断を下すべきではない、ということになる。

それは、本書においては、対話的なプロセスに重きを置く段階を評価するということにつながる。そして、その枠組みは、脱慣習的次元の発達段階を社会的なパースペクティブをもった普遍的枠組みへと変えていくことを目指すものである。それは、「相互主観的」な「了解（理解）」の上に成り立つ、自己形成のプロセスを前提としている。私たちは、この段階が具体的な授業実践のレベルにおいてどのような形をとっているのか、事例を通して見ていく。

(4) 日本のコールバーグ派とハーバーマス的観点からの批判
―相互理解と自己の役割を見つめる視点の重要性―

日本では、コールバーグの理論を基礎に道徳教育の教材開発を手がけてきたパイオニアに荒木紀幸がいる。主に小学校段階までの道徳教育の価値葛藤問題を基に実践を紹介している。多くの教材例は、そのまま、教室の先生が追体験できる優れたものとなっている[12]。
本書の内容も、このような荒木の指導してきた実践に多くを負っている。このことは、勇気をもって実践を導いてこられた氏に感謝してもしきれない。しかし、本書は、次の点で、荒木の指導事例とは異なっている。

まず、本書が、基本的な柱としてコールバーグのような明確な価値発達段階論の上に立っていることは、同じである。しかし、本書では、私たちは、価値発達段階論を超えて生徒たちの理由づけ（推論）に対して、相互的な議論のやりとりを求める。ハーバーマスは、すでに、コールバーグの議論の方法には、「相互性」と「了解」、すなわち、相互理解と対話的な手続きが欠けていると見ていた[13]。

ハーバーマスは、この手続きを「ディスクルス倫理学」とよび、コールバーグ的な方法にある実践倫理に厳密さを要求している[14]。そして、この方法を実践的ディスクルスと呼び、「認知主義・普遍主義そして形式主義」の形式倫理学を超えるための方法であることを強調している。つまり、その厳密さとは、

① 議論の中における互いの論拠を認める「互換可能性」
② できるだけ多くの異なる立場の者の視点から、自分の役割を見つめることができるという意味での「普遍性」
③ お互いを認め合う「相互性」[15]

を指している。

ハーバーマスは、コールバーグの心理学的な価値発達段階論が慣習的レベルまでは、合理性をもっ

ていることは、否定してはいない。しかし、その議論の過程において、発話する当事者同士が、自分の意見を言いっぱなしでお互いの論拠の理解がないまま終わるのは、結局、自分たちの主張を言い合うというモノローグで終わってしまうということを批判しているのである。ハーバーマスは、「ディスクルス倫理の原則」を次のように規定している。

「各々の妥当性を有する規範が当事者すべての一致を見るのは、当事者すべてがもっぱら実践的ディスクルスに参加できる場合である」(16)。

当事者すべてが「実践的ディスクルス」に参加できるということは、自分たちの役割、つまり、コールバーグ的問いかけ、「あなたならどうする」という主観性を様々な視点から見つめ直すことを意味する。ハーバーマスは、コールバーグがこの役割取得の考え方をジョージ・H・ミードから得ているると述べている。

それは、自分という主体において、「私を」(me) という視点、そして、「一般化された他者」という視点を獲得するということである。つまり、自己を見つめる他者の視点を獲得するということを意味する。

このような言い回しは、難しく聞こえるが、他者の視点から、自分を見つめることができるかということにある。言い換えるならば、つまり、お互いの意見を言いっぱなしで終わるのではない、話し合い、相手の意見に耳を傾けた後での自己の立場を見つめるということになる。さらに言い換えるならば、対話によって耳を傾け、そして、自分を見つめ直すというプロセスをこの実践的ディスクルスにおいて、「構成主義的な学習」のステップとして拡大し、相互のやりとりのプロセスを大写しにするということである。このことによって自己を見つめる自己を入れ込むということである。

このことは、価値葛藤の場面において、結論が正義であるかどうかという正誤の判定が重要と言うことではなく、判定にいたる過程において、どの程度、相手の立場を自分の持つ主観性の中に採り入れることができたのかという視点が大きな意味を持つということになる。生徒たちに書いてもらうワークシートは、このような意味で、単純に答えの理由を書くだけでなく、相手が何を言っているのかという自己に向けられた内容への言及が必要となる。

(5) コールバーグ派の実践事例の具体的な問題点

以上のことは、コールバーグ派の事例モデルにも見られる不満な点であった。ここでは、三つの実践例を取り上げ、その問題点を検討してみよう。

① 下北のサル（「サルも人も愛した写真家」『道徳ドキュメント1　キミならどうする？』NHKエンタープライズ）（小学生）

下北半島のサルは、北限のサルとして有名な国の天然記念物である。そのサルが、最近悪さをするようになり、村人は、大変困るようなった。畑を電気ネットで覆う、音だけの銃で脅かすなど、いろいろと対策を試みた。しかし、頭の良いサルは、すぐにこのような偽装を見破り、すべて裏をかいて効果はなかった。そして最近では、農民に危害を加えるようになった。たまらない農民は、集会で県に駆除の申請を出すことを決めた。ただし、天然記念物のサルをすべてというわけには、行かない。駆除する条件としては、①いたずらの常習犯であること、②七歳以上のオス、③リーダー格でないこと、以上の三つに絞った。

しかし、この条件をもったサルを見分けられる人は、村人にはいなかった。そこで、白羽の矢が立ったのは、兵庫県出身のカメラマン松岡史朗さんで、下北のサルを二〇年以上もとり続け、今は、村はずれに住み続けている。その協力要請に村人からはあまり好まれていなかった松岡さんは、迷った。サルを愛してここまでいた松岡さんが今度は、なぜ、サルを殺すことに協力しなければならないのか。さあ、困りました。あなたが松岡さんならどうする。

この問いをもっていくつかの小学校で模擬授業が行われた。ビデオでは、協力する、協力しない、という意見は、およそ半々であった。大好きなサルだから協力しない、協力しないとサルがもっと暴れる、サルは人に迷惑をかけすぎた、殺すまでしなくてもよい、村人ももっと努力すべき、殺すともっと乱暴になる、協力しないと差別される、協力すればこれからも写真がとれる、協力しないと悪くないサルが殺される、などの意見が出された。

これらの意見を採点すると、やられたらやり返すという論理（第一段階）、動物がかわいそうという論理（第二段階）、村人に逆に恨まれるという人の顔色をうかがう論理（第三段階）、環境破壊が進む中、雪の中で暮らすサルは地球にとって貴重（第四段階）など、コールバーグの価値発達段階論にあてはめることができる。

しかし、この段階論の単純な適用は、残念ながら、相互の意見のやりとりと理解を欠いている。自分の意見を言うだけでその点についての相互の議論はどうなのかという、関係性がないのである。ハーバーマス的には、この点は、改良の余地があるということになる。

②　甲子園出場辞退（中学生）[17]

あるとき、甲子園に出場が決まっていた高校の補欠野球部員が因縁をつけられ、不良少年とケンカをしてしまった。この部員も含む少年たちが警察に補導され、新聞に記事が出された。その部員のために高等学校長は、出場を辞退することを決めた。この判断は、正しいか否かという問題があった。

ワークシートには、各発達段階ごとに賛否の選択肢が二つ用意されている。そして第五段階として、一つは、「法に従うだけでなく、フェアー精神と大会モラルを維持するために辞退すべき」であり、もう一つは、「連帯責任は教育的観点からみると不適切である」というものであった。

生徒は、選択した答えの理由を書くワークシートを用意されており、賛否の後に理由を書くようになっている。しかし、なぜか、「価値分析表」の枠組みは、いずれかの選択に対して、それぞれの理由をそれぞれの論理でもって記述しているだけである。

たとえば、規則や法の下の平等というコールバーグの第四段階においても、これまでそのようにしてきた高校があるから、とか逆に、辞退することは公平性に反するという同じ理由によっても、賛否二つの選択が可能である。

また、第五段階としては、「社会契約、法律尊重、および個人の権利志向」というタイトルの下に賛否二つの欄が用意されている。賛成理由としては、「アマチュア野球の精神は遵法のみならず、フェアー精神と高いモラルをもとめているから」とあり、反対理由としては、「学校教育における高校野球は、教育的観点から維持されるべきで、連帯責任は教育的でない」とある。

これらの理由は、たしかに、社会契約的な観点からは、いずれでも成り立ちうる。しかし、その発言のあとに、お互いに対話をしたという相互性の軌跡が必要である。それは、相互のやりとりにおいてお互いに自他の違いをどのように理解したのかという相互性とそれを見つめる個々人のやりとりが見られない。つまり、ここでは、アマチュア精神と教育的観点はいずれが大切かという議論がそれぞれの意見の中に反映され、相手とのやりとりが再構成され、どのような影響を相互に与えたのか、葛藤の軌跡が見られない。

私たちは、このように自己の意見を表明するだけに終わるのではなく、議論の中に、立場の相互性を理解する内容があってはじめて、脱慣習的な段階の議論が成立するものと考える。それは、単に「フェアー精神」というだけではなく、また、「教育的観点」というだけでなく、それ以前の発達段階を見て、単純に他人の目を気にするだけの組織的な参加がスポーツの論理なのか、あるいは、スポーツは、個人の主体的な精神が重要なのであろうか、というようなことがより高次の思考の発達段階にはあるべきものと考える。

③　文通と友情（中学生）(18)

中学二年生の珠美と咲子は、親友である。咲子は、ひそかにサッカー部のキャプテンの修一にあこがれを抱いていた。サッカーの公式戦見学に咲子の付き添いとして一緒に行った珠美は、咲子がレモンと蜂蜜の入った水筒を修一に手渡そうか、やめようかと水筒を出し入れしている仕草を見て、じれったい思いをしていた。結局わたせずじまいに終わった咲子を見て、珠美は咲子に歯がゆさを感じていた。

やがて、修一が父の単身赴任地の学校に転校するということを聞いた時、咲子は盲腸に罹って入院してしまった。珠美は、咲子から修一に文通を申し込んでくれないかと頼まれた。珠美はそのことを修一につげに公園へ行って話を切り出そうとすると、逆に、修一から文通を申し込まれた。珠美は驚いた。さあ、あなたならどうしますか。

この問題には、友情か正直かという対立する二つの価値が、同居している。コールバーグ的にはどのような価値を優先すべきかというジレンマを深刻に考えなければならない良い問題である。

この問題へのワークシートは、自分にとっては好都合の話という第一段階から、咲子も理解してくれると承諾する、あるいは咲子の気持ちを考えて断る、第四段階まで、理由を考える作業がある。そして、指導上の留意点は、「男女ともに相手の人格を尊重し、男女にかかわらず友情を育むことの大切さを理解させたい」が基本である。

友情・信頼、男女の人格の尊重は、しかしながら、ここでは、対立の基本的な枠組みではない。それをそのままこの問題の図式に当てはめてみると「相手の人格を尊重」＝修一の申し出を尊重する、「友情」＝咲子の人格を尊重する、でどちらも正解である。もしくは、いずれも正解がないことになる。

そしてこの指導の留意点には、自分の気持ち（主観性）ということがどのように関わるのかというプロセスが欠けている。この相互了解の深みに欠けている。自分の気持ちへの正直さか、友人との信頼にかける正直さか、解決困難なジレンマである。解決困難ではあるが、その中心の価値葛藤について相互のやりとりがあってしかるべき問題である。

たしかに、ハーバーマスが言うように、コールバーグの主張する価値の五段階目、六段階目は、理論的には難しい説明となっており、それを実践的にどのように展開するかということは、非常な困難が伴う。しかし、本書で紹介する実践事例は、中学校や高等学校段階においては、あえて、法や規則を超える社会契約や相互主観的な価値発達があるということを考えさせる。そして、そのことが、相互のやりとりの中で明確になることを示している。本書では、現在も対立する社会問題をあえてとりあげ、市民性の教育の実践例として成果を分析紹介することとした。

このことの意味は、市民性意識の未成熟な日本の文化風土の中で、強調する必要がある。価値葛藤についての相互のやりとりは、お互いの理解ということのプロセスを大切にするからである。つまり、考えるということは何かという問題である。それは、いずれかの立場からの理由づけだけではなく、相互の理由の意味と価値について、その関係性を考えるということにある。

⑹　ギリガンの移行段階の増設の問題

ハーバーマスは、一見、次に述べるC・ギリガンのような第四段階から第五段階への中間的な移行段階説に近いように思われる。つまり、頭の中では、善し悪しがわかっていても、実際生活においては、なかなかそれが実践できないこと。つまり、理屈と生活上の実践の違いに注目し、判断に逡巡する中間的な立場の存在を認めるという、事例の文脈によっては決断が難しい立場の存在を認めるという問題である。

ギリガンにおいては相互行為が第四段階から第五段階への移行において、道徳上の問いと事例の文脈との関係性の問題、「正義の問題」と「良き生活」とを区別すること、男女の違いについて異なることなどが主要な論点であった。しかし、このようなギリガンの論理に対して、ハーバーマスは、「信条倫理」と「責任倫理」とを区別（ウェーバー）する態度を放棄しているとして批判している[19]。

このことは、何を意味しているのであろうか。「善き生活」や生活上の好みは、道徳的価値の問題ではなく、明確な利害関係の責任倫理を基礎にしてこそ成り立ちうる問題であり、ギリガンの中間的な移行段階の設定が、道徳的責任倫理の問題とは切り離されるべきものであるというのである[20]。つまり、ギリガンのような移行段階の価値は、気持ちの問題、つまり、感情的な要素も含む信条倫理として捉えている。そして、道徳的発達段階においては、あくまでも、中間的な道徳的行為の責任倫理として自己の立場や結果を問う次元の問題として考えることを要求している。すなわち、いろいろな文脈を考えると簡単には決断できないという立場として、認めるべきであるという考えである。

それに対して、ハーバーマスは、他者との関係性の中で自己の役割を対象化しないあり方が、自己を見つめるステップを放棄していると見ている。自分をみつめる自己、すなわち、あくまでも自我同一性の複合したコンテクストの中で責任倫理が発達することを要求している(21)。この客観的世界、社会的世界（言語・経済的背景も含む）、主観的世界の重なり合いこそが、ハーバーマスが、道徳的判断のコンテクストとして求めている内容なのであり、この総合性が、相互理解と合意形成にいたるための基本的条件なのである、と言うのである。つまり、状況によっては仕方がないとして、何か妥協するのではなく、あくまでも、自分をみつめる自己を作り出すということである。

3　本書における道徳教育の方法の特長

価値に関する実践とは何であろうか。

それは、直ちに速効の行動に移すということでもない。たとえば、環境問題について特に関心があり、地球温暖化の防止のため、何か節制をしなければならないという意識を身につけたなら、すぐに、節制に努め、ふだんの生活においてものを無駄にしないというような見える行動に出るようになるという即効性を意味しているのでもない。このようなすぐに行為へ何か結びつける短絡性を求めない。何が大切な要素かというと、私たちの頭の中で、前もって何かを思考するときのイメージを作っておくということにある。

いったん頭の中で考えたイメージは、いつか、問題に直面したときの解決のシミュレーションであり、何も考えていなかったときの場合とは異なり、備えとなる。その意味で、道徳問題は、考えるための練習材料ということである。

以下、本書で目指す方法の特長について明らかにしよう。

(1) 自己覚醒（気づき）のための価値葛藤

ここで大切なのは、人から言われた命令をすぐ行動に移すということではなく、まず、自らが自分の行動を反省し、その行動の価値を見つめることができる意識を内面において形成するということにある。このことは、何々が大切ですと先生が言えば、そのままその価値を子どもに植え付けられると信じている単純な道徳教育とは異なっている。

私たちが目指す道徳教育は、これまでのような上から徳目を押しつける価値の注入教育ではなく、生徒がみずからの価値への「気づき」を目指す。その気づきによって、生徒は、実践的な行動においては価値の選択があり、選択した価値の違いによって行動の結果が、具体的にどのような違いを示すのかを認識できるようにすることを目指す。

考える基本には、考える自分と考える対象を切り離して、対象化するということがある。そして、

従来の道徳教育	私たちの道徳教育
徳目 ↓（価値の注入） 子ども	子ども ↓（気づき） 価値

「自己を意識する自己意識」と「意識のはたらきと意識の対象が区別され」ねばならない（ヘーゲル）のである。つまり、「ちゃんと考えなさい」と言われても、何を考えるのか、自分がどのような位置にあるのかを見つめることなくしては、考えることはないのである。

たとえば、キリギリスと自分との関係を問うという作業のないところでは、キリギリス＝なまけ者、自業自得というような思考の回路から逃れられないのである。それに対して、アメリカのコールバーグ派の方法では、この思考の回路自体を疑い、この疑うことを「自己覚醒」と呼び、教育方法の中心的役割を果たすことを求めていた。つまり、道徳的徳性がすでに決まったものとして他の誰かから与えられているものとしてあるならば、それは、単純に覚えるだけでよい「知識」として与えられるだけである。この点は、日本のコールバーグ派においては自覚が足りない部分である。

考えるということは「自己覚醒」的で、「精神の自由」がないと成り立たない。ヘーゲル流に言うと、「精神の自由」とは、「精神」が外部にある何かがないと存在できない状態ではなく、「自己を意識する自己意識」であり、「意識のはたらきと意識の対象が区別され」ねばならないが、「精神は自分を意識し、自分の本性を判断し、同時に、自分に向かって自分をうみだし、本来の自分にかえっていく活動を」おこなう自由があるからである[22]。

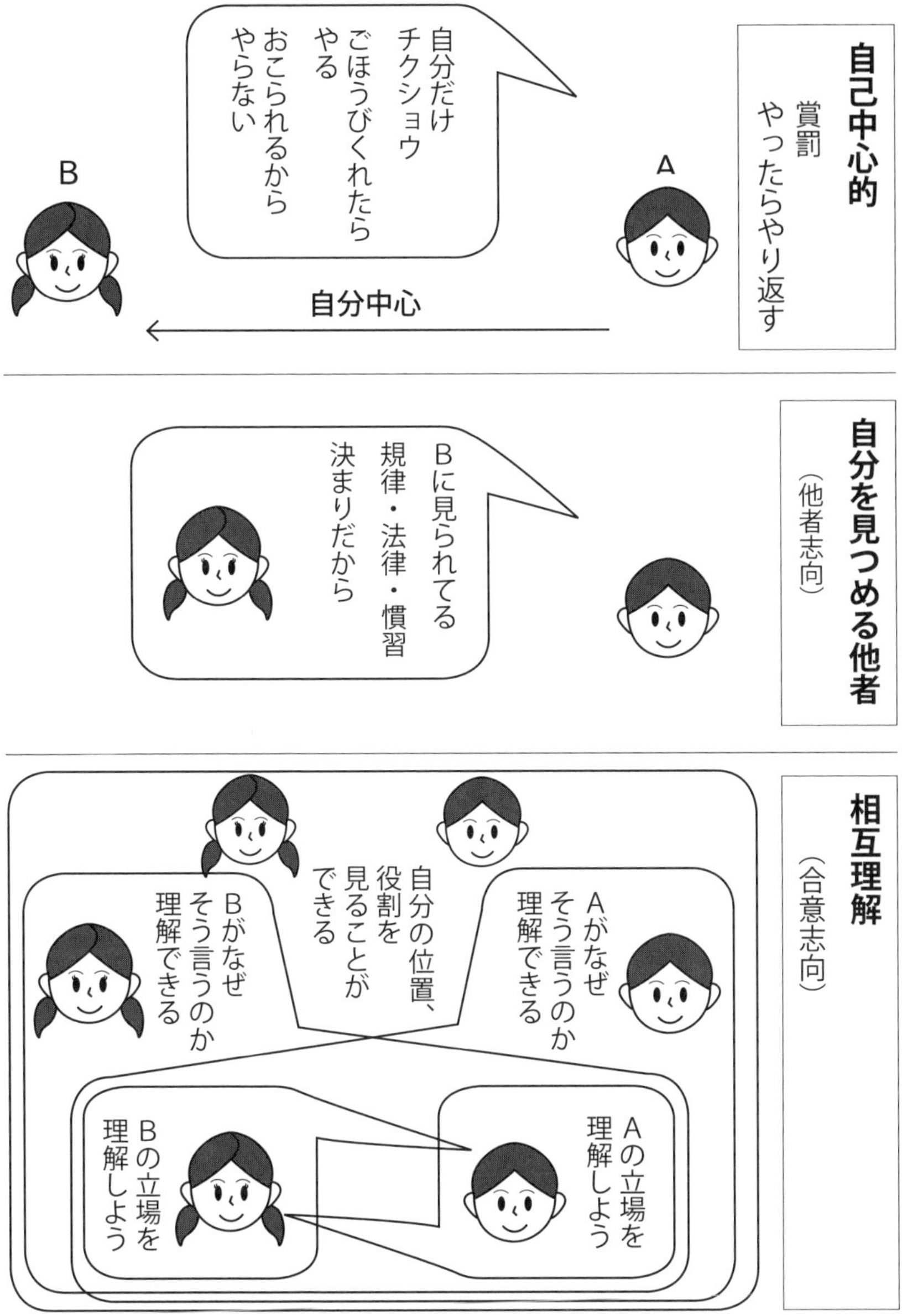

自己中心的
賞罰
やったらやり返す
A
自分だけ
チクショウ
ごほうびくれたら
やる
おこられるから
やらない
B
自分中心
自分を見つめる他者
（他者志向）
Bに見られてる
規律・法律・慣習
決まりだから
相互理解
（合意志向）
Aがなぜ
そう言うのか
理解できる
自分の位置、
役割を
見ることが
できる
Bがなぜ
そう言うのか
理解できる
Aの立場を
理解しよう
Bの立場を
理解しよう

ヘーゲルは、自己に向かう反省的精神が、自己の精神の自由に向かう道であることを述べているのである。

道徳の徳目の一つには、「自由・自律」がある。この徳目は、自由には、責任が伴うというメッセージがすでに前提とされている。しかし、この自由の徳目の教え込みには、自己について思考することの自由がない。大事なことは、生きる上で重要な価値判断においては、選択肢があるということ、そして、そこにおいて自分にとって何が大切かという判断を迫られるということ、このような自由と選択の機会を道徳の授業において作り出すことができるということなのである。

それは、道徳の授業において特に重要である。「自由・自律」のような徳目は、一つの単元においてのみ扱われるものではなく、すべての単元において前提となる基本的態度である。本書は、並立する価値項目、徳目を超えてすべての単元において自由に考えること、そして自己の立場を振り返って見るということを目指す。

こちらが立てば、あちらが立たずというような矛盾を解決するには、基本的にどちらの価値を優先するかという価値の序列の原理に基づかなければできない。世の中の社会問題は、このような複雑な価値の葛藤といずれかの価値の選択から成り立っている。どちらの価値も正しいという相対主義的な価値の並立は自己の行動の選択においてはありえない。

(2)　論理的思考力を伸ばすための価値葛藤

価値の葛藤場面は、このような意味で自分たちの選択する価値がどのような意味をもっているかを知るために必要不可欠である。私たちは、価値には多様性があることは認める。しかし、だからといって単純に何でも受容できるとは仮定しない。価値には、多様性があり、それぞれ個人の自由な意志によって選択されるべきであるというならば、異質なものを排除するファシズム的価値も許されるということになる。このように価値相対主義は、自己矛盾を抱えることになる。

何よりも大切なのは、価値には多様性があるが、そこには、自ずと良い価値と悪い価値という差が見られるということに気づくことにある。そして、発達段階論的に、価値に序列が見られるということに気づくことにある。

自分より小さい子どもに暴力をふるう幼い子どもに、難しい法律用語で諭す親はいない。そこには、自ずと発達段階に応じた価値観をもって気づかせることをしているはずである。けれども、だからといって、正義という価値をただ頭ごなしに説明しても子どもには、理解できない。自分より小さい子どもをぶつことがなぜいけないことなのか、立ち止まって、自分の行動の意味を振りかえらせることができれば、成功である。

価値葛藤は、さらに、もう一つの意味で重要である。それは、道徳教育が単なる疑いのない価値を植え付ける教育ではなく、物事の原理を「考える」という行為につながるからである。つまり、価値の選択は、それほど単純ではなく、複雑な変数の絡みあう中でのベストの選択をしなければならないという論理的思考力の発達を前提としているということにある。

このことは、価値葛藤が問題への関心を呼び覚ますということだけを意味するのではなく、論理を重んじ、思考力のスキルを磨くのにも役に立つということを意味している。

具体的な場面ほど、多様な要因で成り立っており、その変数の絡み合いを一つ一つほぐし、どのような価値が対立し、どれを選択すべきか、という価値葛藤場面に直面しながら、行動が突き進んでいくのである。この意味で、価値葛藤の複合の中で相互理解を目指すことにより問題解決としての思考力が試されるのである。

(3)「第二部　実践編」の問題解決教材のフォーマット

「第二部　思考力を育む道徳教育の実践」の事例は、「アリとキリギリス」など、七つの問題解決教材からなり、各事例のフォーマットは、次のとおりである。

1 各事例の基本的構成

① タイトル（題名）
② ストーリーないしエピソード
③ 指導案（発問、ディベートのやり方概略）
④ ワークシート（ビフォー・プロセス・アフターがとれるもの）
⑤ ワークシートの記述内容例、典型例を紹介

⑥　典型例を五つの段階で評価する。（四二頁に表として示した）各段階において相互性の内容を確認する。

（自己を脱中心化する*論理は何か）　*自己を中心とした軸から離れる

1　権威への迎合、単純に誰かに叱られるからというような理由で罰を恐れる価値観。

2　褒美や恩などを期待する自己中心的な互恵主義的価値観。

3　忠誠心、皆が見ているから、恥ずかしい、良い子と見られたいというような他者志向的価値観。かわいそうというだけで行為の成果の意味を考えない場合。

4　法、慣習などこれまでの決まりや慣習に従うことだけを大事にする価値観。

5　家族、友人、組織、社会など自己の役割を多層化したレベルで理解した上で自分が自分の権威に基づいて判断している。それは、自分と異なる意見の背景と理由を理解するということを要求している。それは、相互理解のレベルを判定する。

⑦　子どもの変化、ビフォー・プロセス・アフターの記録を分析する。

⑧　結論

2　道徳の五段階評価表と指導案を構成する基本的枠組

五段階評価

1	権威への迎合，単純に誰かに叱られるからというような理由で罰を恐れる価値観。
2	褒美や恩などを期待する自己中心的な互恵主義的価値観。
3	忠誠心，皆が見ているから，恥ずかしい，良い子と見られたいというような他者志向的価値観。かわいそうというだけで行為の成果の意味を考えない場合。
4	法，慣習などこれまでの決まりや慣習に従うことだけを大事にする価値観。
5	家族，友人，組織，社会など自己の役割を多層化したレベルで理解した上で自分が自分の権威に基づいて判断している。相互理解のレベルを判定する。

指導案を構成する基本的な枠組

① ストーリーないしエピソード

② 基本的発問

③ ワークシート（ビフォー・プロセス（たとえば相手の意見）・アフターがとれるもの）

④ ワークシートの記述内容例、典型例（いろいろなケース）を紹介

⑤ 典型例を五つの段階で評価する。各段階において相互性の内容を確認する。
（自己を脱中心化する論理は何か）

1　権威への迎合、単純に誰かに叱られるからというような理由で罰を恐れる価値観

2　褒美や恩などを期待する自己中心的な互恵主義的価値観。

3　忠誠心、皆が見ているから、恥ずかしい、良い子と見られたいというような他者志向的価値観。かわいそうというだけで行為の成果の意味を考えない場合。

4　法、慣習などこれまでの決まりや慣習に従うことだけを大事にする価値観

5　家族、友人、組織、社会など自己の役割を多層化したレベルで理解した上で自分が自分の権威に基づいて判断している。相互理解に至るやりとりと自己反省のレベルを判定する。

自己を脱中心化する理論は何か

⑥ 子どもの変化、ビフォー・プロセス（たとえば相手の意見）・アフターの記録を分析する。

⑦ 結論

4　相互理解と対話の観点から既存の道徳教材を見直す道徳教材例A（アリとキリギリス）（小学一年生）

ある教材例で、非常にありふれているようで、頭を悩ませる問題を考えてみよう。

多くの副読本の例では、小学校一年生「はたらけせっせ」という単元は、アリとキリギリスの物語を載せている。最後の幕は、「アリたちは、また、せっせとはたらきました。やがてつめたいかぜがふくふゆがきました。もうどこにも、たべものはありません。けれども、アリたちはあんしんです。たべものをたくさんはこびこんだので、はるまでゆっくりすごせます。『キリギリスさんはいまごろどうしているかなあ。』アリたちは、そうおもいました」(23)。

この物語は、現在の日本の道徳教育を象徴している。つまり、「勤勉・努力」という徳目を何の矛盾もないかのように、その物語のとおりにしなさいというメッセージを生徒に送っている。夏の間一生懸命働かなかったキリギリスは、つらい冬を迎えるという当然の報いを受けることになるというメッセージである。それは、せっせと働かない者は、当然、その報いを受けるというものである。日本的な「因果応報」の倫理観が隠されている。二〇一三年の流行語大賞、「倍返し」も同じ倫理的価値観である。

「きりぎりすさんはいまごろどうしているかなあ」で終わって良いのであろうか。自分たちが一生懸命に働いているときに、（遊んでいるように見える）キリギリスさんが食べ物もなく、つらい冬を送るのは当然だし、それなりの報いを受けるのは、当たり前である。死んでしまうかもしれない。でも、「ザマーミロ」という自分の声に対して、心に迷いを生じることはないのであろうか。人間だったら、このような迷いはないのであろうか。

このように、日本の道徳教育に出てくる物語には、学習者が、なぜ、ストーリーがそのような展開になるのか、それは良いのか悪いのかという推論（考える）をする余地がない場合が多い。それで良いのだろうか。

たとえば、鬼退治に行く桃太郎さんが付き従えて行く犬やキジは、きびだんごをくれるからついて行くという。しかし、それの裏を返せば、きびだんごをくれなければついて行かないのであろうか。そんな損得勘定で正義は貫くことができるのであろうか。このような問いかけをする人は、あまりいない。しかし、道徳的な価値観を考える場合には、その正義の価値と損得勘定の価値と天秤にかけて考える必要がある。

そこで、物語の最後では、アリとキリギリスの物語の結末は、「キリギリスさんはいまごろどうしているかなあ」という同情をさそうような問いかけで終わるのでは、どのような価値が問題となっているのか不明瞭である。

実際の小学校一年生の授業（山口夕貴、二〇一二年一二月）

この授業では、はっきり、質問をたてる。それは、「あなたが、アリさんだとしたら、どうしますか」である。この問いかけによって生徒ははっとする。でも、キリギリスは、なまけものだから、食べ物はあげない、絶対あげない、という意見が当初は、圧倒的に多い。

しかし、あらためて、少数派の意見に耳を傾ける生徒がだんだんに出てくると、本当にそれでよいのだろうかと考え直す生徒が増えてくる。「どうして」と尋ねると、次第に様子は、一変する。なまけものは、因果応報の価値観から、自業自得の結果に陥ると思っていた生徒が、自らの選択によってキリギリスの運命を左右する位置にいたことに気がつくのである。自らのもっている価値の重みに、生徒ははたと気がつくのである。キリギリスに死を宣告しているのは他でもない、自分であるという選択の重みに気づくことになる。ここにおいて他の人まかせであった価値判断に自分が積極的に関わっていたということを意識することになる。

当初は、「キリギリス、死ね」「絶対あげない」と平気で口走っていた生徒が、この問いかけに対して言葉がつまり、どうしてそんなことを言ってしまったのか、真剣に悩むのである。「一生懸命の価値」と「命との価値」との葛藤を心の中で体験するのである。キリギリスとアリという動物の多様性と役割に気がつく生徒、あくまでも、人間と動物との違いに気がつかない生徒、このような変容が次第に現れてくる。

六名グループ毎に「キリギリスさんにたべものをあげる」側と「あげない」側に分けてディベート（議論）をした。その際に、紙で作ったアリとキリギリスのかぶり物を頭につけてもらった。それだけで、生徒たちは、使命感を持ったのであろうか。一種のロールプレイを展開し、賛否の議論をどうどうと述べていた。そして、議論の結果、自分がどう思ったのかを感想文として理由と結論を書いてもらった。

その結果、一年生の三三名のあるクラスでは、二〇名が「あげない」派、一三名が「あげる」派に分かれた。当初ほとんどが、あげないと考えていたクラスの生徒たちは、「自業自得」という価値観から、「かわいそう」という価値観に変化する生徒が現れたことを示していた。

「あげない」あるいは「半分」「少し」という答えを選んだ生徒の典型的意見をいくつか紹介しよう。

① 因果応報の論理、賞と罰の論理

・キリギリスは、自分が用意をしていないから。
・遊んでばかりいて、キリギリスが悪い。
・大丈夫？　ってきいたのに、言うことを聞かなかったから。
・ばかなキリギリス。
・あげたら、アリさんが困る。
・半分ならいい。

② 体の大きさという合理的な論理

・アリとキリギリスでは、アリの方が小さいから。
・あげると自分たちの分がなくなる。

③　授業そのものを評価する意見
・何回も読んだことあるけれど、よく考えてみたので、勉強になってよかった。

次に「あげる」という答えを選んだ生徒の意見を見てみよう。

①　自分の行為を評価する論理
・キリギリスはバカだけど、あげるのがえらい。
・キリギリスさんのことを考えられたので楽しかった。

②　同情と憐れみ
・働かなかったけど、かわいそうだから。
・キリギリスさんが死にそうになってかわいそう。
・キリギリスとも仲良く。
・アリさんはやさしいから、はなしの内容を知っていたけどあげる方にした。

③　教育的論理
・キリギリスは働くときは、バカにしていたけど、働く大切さがわかりましたか、と言う。
・キリギリスさんが謝ったら、あげる。

④　因果応報の論理、相対的な立場の考慮
・自分も意地悪されるから。（自分も意地悪されたときのことを考えた??）

一年生の意見は、大きく以上のように分かれた。ここで、判明するのは、子どもたちの意見とその理由の多様性である。単純に、「倍返し」のような論理で、働かない者は、罰を受けるという論理から、そのような人たちでも、生き残る価値がある、もしくは権利があるというその命の重さに気を回すことができるのかという論理まで、幅広いのである。

ここで、価値発達段階論的には、自分の行為に対して、当然の報いを受けるという賞と罰の論理は、第一段階（懲罰と服従の段階）として考えられる。キリギリスの遊ぶという行為そのものの意義について考えるというよりも、そこから帰結する報いという結果を見て行為の価値を判断するという、極めて功利的な考え方である。従来の道徳副教材では、勤勉であるという価値を教えようとしている。しかし、勤勉の結果として、その報酬を期待するという道具主義的な価値をも前提としている。つまり、キジやイヌがキビ団子をくれなければ鬼退治について行かないという極めて報奨を重視した行為への動機づけを奨励しているのである。

他方、「かわいそうだから」という価値観はどうであろうか。価値発達段階論的には、それは、相手を思いやるという寛容と思いやりの志向を示している。思いやりの論理は、重要である。同情や思いやりは相手の立場に立ってものを考えられるという第一歩である。しかし、この思いやりは、万能ではない。自分の見える範囲だけで、何かを恵むという行為は、自分の見知らぬところにいる他のキリギリスにも同じようにできるのかという公平性の問題を生む。

そこで、何かをくれたらやるというような自己の道具的な条件づけを超えた判断ができるかどうかで、慣習的水準へといたることができたかどうかを判断する基準となる。つまり、会社や共同体における、親の七光りやコネなど、自分の身の回りにおいてのみ生まれる身内意識は、遠い所の困っている人たちのことも思いやることができるのかという問いかけである。
それは、あくまでも自己を他者との関係性で捉える集団的なパースペクティブにとどまっている。その中では、自分がどのように見られているかが気になるのであり、また、集団や社会の中での自分の役割が気になるのである。このような共同体における因習や仲間意識の中で生まれる習慣や規則をコールバーグは、慣習的水準（conventional level）として、中間的な発達段階とした。このような思いやりについては、憐れみや寛容というような価値観として慣習的レベルとして、法や規範を超えないものとして、評価すべきものなのであろうか。このことについては、相手との話し合いで生まれる相互理解の要素はないのであろうか。

ハーバーマスは、近代的合理性の軸を横切るものとして、「情緒的」理性として排除されてきた「対話的合理性」をもう一つの軸として、別な価値発達段階図式を展開していた。ここに脱慣習的な段階の価値として評価はできるものと考える。

このクラスの児童たちの中には、もう一つ、自分たちの議論の意味について考えていることが判明した。この児童たちは、自分たちの行為を客観的に見つめ直している。あげるか、あげないかという議論の中には、加わっているが、その議論をすることの意義について理解している。この一年生の児童たちの発達のレベルは、一体何なのであろうか。

コールバーグの価値発達段階論には、「不可逆性」の原理がある。つまり、各発達段階は、下の発達段階からは、上の発達段階の意味を理解できないのである。言い直すならば、上の価値発達段階からは、下の発達段階の意味を見下ろすことができるというのである。この生徒たちは、自分たちの議論の内容について上からの価値を持って見渡すことができたということなのであろうか。ここでの判断は、それができているという評価にしたい。なぜならば、そこには、ハーバーマスが述べているような相互理解のパースペクティブが入っていると考えるからである。そこでは、違う立場の子どもと議論の軌跡が見られ、自分の立場を対象化するという役割取得が意識されているからである。

5　相互の立場からの複層的配慮が「相互理解」にいたる道徳教材例B（家族か社会正義か）（高校一年生）

現行の憲法では、人間として最低限の生活を保障する、幸福を追求する権利がある旨の記述がある。私たちの幸福とは、どの範囲をさしているのであろうか、家族か、自己の属する組織か、はたまた社会全体か。次の問題は実際にあった深刻な問題である。

佐藤さんは、ある食品会社の従業員であり、約二十年もその会社で働いていたベテランである。

子どもは、高校生と中学生の女の子二人である。あるとき、上司の部長が国外産の牛肉を国内産と偽り、国内産牛肉のパッケージに入れて売っていることを知った。親会社の経営は、他の問題があり芳しくなく、この問題が発覚すれば、さらに業績は悪化、会社全体が倒産の憂き目に遭うことは目に見えていた。しかし、不正を知った佐藤さんは、消費者と社会全体のことを考え、内部告発すべきかどうか深刻に悩んでいた。

さあ、あなたが佐藤さんだとしたら、どうしますか。

この問題に対する生徒（高校一年生）たちの答えへの評価は、価値発達基準の第一段階から第五段階までにわたる。

1　慣習以前のレベル

①（社会から）罰を受けるから告発する。

（会社から）罰を受けるから告発しない。

②（家族が）路頭に迷うから告発しない。

2　慣習的レベル

③（他の人の目が）気になるから告発する。

（社員の視線が）気になるから告発しない。

④　会社では、上司の命令に従わなければならない。

社会では、法や規範に従うべきである。

3　脱慣習的レベルに代わり、相互理解と合意に基づく判断

コールバーグ的な発達段階の第五段階では、社会契約的な相互の合意が必要とされるということになる。しかし、ハーバーマス的には、ここにおいて会社の立場、消費者の立場、そして佐藤さんと家族の立場という、それぞれの役割についての言及があり、それぞれの立場からの意見が相互に関係していることが必要とされる。最終的に消費者の優位という選択がされたとしても、その判断には、会社が倒産し、佐藤さんの家族が路頭に迷うかもしれないという予想が考慮されていることが必要とされる。

実際の高校一年生の授業（石井瑞穂、二〇一四年二月）

この授業では、生徒たちの意見には次のようなことが書かれていた。

「不正を公表したときの代償は大きすぎる。ドラマみたいにうまくはいかないし、（功利的）正義感だけではやってはいけない。現実的に考えて、黙って見て見ぬふりした方が自分自身のためにも、自身の家族のためにも有効な選択だと思える」。（A君）

この意見は、公共の正義という価値に対して積極的に背反し、ひたすら、家族の生活だけを大切

にして、その判断の結果もたらされる害悪には配慮がなく、複合的な相互性によるジレンマを回避している。したがって、段階としては、慣習以前の第二段階として評価される。

「公表すれば、会社が倒産するとしても、客の信頼を裏切ってはならない。他に解決策がないか考えるべき、もし、公表しないで不正がバレたとき、より大きな損害が出るかもしれない」。(B君)

この意見は、消費者への責任と、消費者も含むより大きな社会的市民としてより大きな社会的損害を考えている。しかし、他の解決策によって回避も考えている。また、自分の告発がもたらす破局を予想している。世間と会社、家族という役割取得を体験している。ということで、コールバーグの発達段階五の相互性をもっていると判断される。

「世間一般でいえば、公表すべきであるが、現実をみると、公表すると倒産してしまい、自分だけでなく、他の社員まで、生活ができなくなる。だとしたら、一時の感情に身をまかせるよりも、公表しないで倒産を避けるべきである」。(Cさん)

この意見は、社会正義からは、後退しているように見える。しかし、その判断の背景には、世間一般の正義感による行為によって、他の社員の生活、そして家族の生活の破局を考慮している。その逡巡の上に自分の判断があることを述べている。ということで、ハーバーマス流の相互性をもった脱慣習的段階五に相当すると判断する。しかし、自己の身の回りの共同体（仲間）だけをかばうという意識は、狭いとも言える。いずれの判断にしても社会的制裁はまぬがれない。内部告発をすれば、会社からも社会からも制裁を受ける。世間的には勇気ある正義感あふれる行為だとして、一時的にもてはやしてくれるかもしれない。けれども、家族は生活の基盤を失い路頭に迷うことになる。また、内部告発をせずに黙っていたとしても、罪の意識にさいなまれながら働き続けなければならない。このような問題は、私たちの実践生活に充満している。このような判断の要求は、あくまでも実践することを奨励し得ない。道徳の授業は、その問題の性質を理解することを要求しているのである。

ハーバーマスの五段階はこのようなジレンマを解決するものではない。大切なのは、いずれの判断であろうともこのような隠れた構造があるということを「理解」しているかということである。つまり、結論の正当性ではなく、議論のプロセスの妥当性と正当性を求めているということである。したがって、実際に法的な実行力を求めているのではなく、あくまでも議論の場を構築する力を求めていると言える。

ここで、ハーバーマスは、道徳的「判断」と「行為」とを区別している。判断は、行為を保証するものではないということである。ハーバーマスは次のように述べている。「このような《責任判断》によって、被質問者は、〈単に道徳判断をなすばかりでなく〉彼の道徳判断と合致した行為を遂行しようという意図ないし確信を表明するわけだが、そうした《責任判断》もまた、依然として道徳判断と同じ認知レベルにとどまる。かりにそれが信条の表明と解されるとしても、それは判断であるかぎり判断と行為の合致を決して保証するものではない」[24]。

というように「自己制御を可能にする内的な行動のコントロールの体系」も「脱慣習的な超自我構造」も自己の「なすべき」ことについての判断であって、「なにをなそうか」という行為を行為者自身の「実践自身」においてしか示し得ないものと考えている。ここには、個人の意思の決定や社会の義務を当てはめたりすることはできるが、選択の原理はないという。つまり、第四段階から第五段階への移行過程は、議論の過程であり、答えのない仮説的な思考実験の過程として考えられる[25]。

この段階での逡巡は、あくまでも行為の決断ではなく、認知的な判断にとどまるということである。したがって、議論は、自由な倫理的ディスクルスとして仮説的な議論が許される場であるということである。

以上からもわかるように、生徒の優れた考察は、綿密化された構造から成り立っている。単純に「正義感」からすぐに答えの出せるような問題ではないということ、また、「世間一般」の他人事では、簡単に答えが出せないこと、このような相互の立場からの複層的配慮が「相互了解」にいたる答えとなる。道徳教育を実践的行為として仮定するならば、この仮定的推論には、不満が残るかもしれない。しかし、深刻な道徳問題には、単純化された答えなどないということを意味している[26]。

注

(1) 真仁田昭　新井邦治郎『2年生のどうとく』（文溪堂、二〇〇一年度版）。

(2) たとえば、Simon, Sidney B., Howe, Leland W. and Kirshenbaum, Howard. *Values Clarification: A Handbook of Practical Strategies for Teachers and Students.* Revised Edition. New York NY: A & W Visual Library, 1972; Kirschenbaum, Howard & Simon, Sidney B. *Readings in Values Clarification.* Minneapolis MN: Winston Press, 1972.

(3) たとえば、Rogers, Carl. *Client-Centered Therapy.* Boston, MA: Houghton Mifflin, 1965.

(4) 内藤俊史「道徳教育と価値相対主義」『教育学研究』第四六巻第一号、一九五九年、四二―五二頁。

(5) 山岸明子「本データの特徴として第二に、第三段階が多いだけではなく、他の段階にも第三段階的な対人関係の価値が関与していることがあげられる」（山岸明子『道徳性の発達と教育』永野重史編、一九八五年、二五八頁）という。

(6) 「日本では第三段階が多いだけでなく、各段階に第三段階的な対人関係の価値が含まれていることが指摘されたが、これは、日本の文化価値が道徳判断の内容として反映しているためだと思われる」（同上、二六二頁）と述べ、それが文化価値に由来するものとして、山岸は考えている。

(7) 同上、二六〇頁。

(8) ハーバーマスは、文化と自然的発達段階論の関係について、次のように述べている。
「しかし、脱慣習的段階が複数存在するという仮説がその経験的証拠を欠いているならば、コールバーグが第五段階について論じたこともまた問題となろう。すくなくとも次の疑問が生じてくるだろう。すなわち［コールバーグが第五段階に想定する原理に導かれた道徳的判断には］社会契約の理念や最大多数の最大幸福という理念、とくにアングロ・サクソン系に広く流布している特殊な伝統によったこの理念が密接に結びついていて、特定の文化の特殊な内容が原理に導かれた道徳判断に混入しているのではないかという疑問である」（ユルゲン・ハーバーマス『道徳意識とコミュニケーション行為』三島憲・中野敏男・木前利秋訳、岩波書店、一九九一年、二六六頁）。

(9) 同上、一九二頁。

(10) たとえば、彼は、「これと類似した二分化と［前段階の概念の］価値の喪失は、外からの恐怖心を起こさせる罰の概念が恥や罪の概念へと移行する場合や、自然的同一性が役割同一性や自我同一性へと移行する場合にも生ずる」（同上、二六〇頁）と述べている。

(11) ハーバーマスは、次のように述べている。
「脱中心化を完成させた世界理解は、競争行動では規定されない行動範囲の方向でしか発展しない。それは慣習的行為からディスクルス的な対話へ移行すると反省的となる。コミュニケーション的行為をこのように議論という手段によって続けることは、相互行為の一つの段階を意味しているのであって、それもこの段階によって、セルマンが分析したパースペクティブ取得の初段階を乗り越えるきっかけが与えられるのである。論議の中で達成される世界的パースペクティブと話者のパースペクティブの統合は、社会的認知と脱慣習的道徳の連結点をなしている」（同上、二六一頁）。

(12) たとえば、荒木紀幸編『モラルジレンマによる討論の授業』（小学校編、中学校編、明治図書、二〇〇二年）は、優れた道徳教育実践の授業モデルを提供している。その実践例は、発問の内容が紹介され、そのままでも現場の教師が使うことができる内容となっている。また、最近出された荒木紀幸監修『モラルジレンマ教材でする白熱討論の道徳授業』（小学校編、明治図書、二〇一二年）（同、中学校・高等学校編、明治図書、二〇一三年）も優れた実践モデルを提供している。後者の実践事例集は、すべてに四つか五つの段階に対応する書き込みカードがついており、そのまま現場の教師が、コピーをして使うことができるようになっている。

(13) 浅沼茂「価値観発達と教育：コールバーグからハーバーマスへ」『聖路加看護大学紀要』第一四号、一九八八年、三五―四三頁。

(14) ハーバーマスによれば、「実践的ディスクルスとは、正当とされる規範をつくりだすための手続きではなく、仮説として検討にかけられる規範が妥当か否かを吟味するための手続きである」（同上、一九三頁）。

(15) ハーバーマスは、これら三つの条件を次のように述べている。

「というのも、ディスクルスによる手続きには、脱慣習的レベルにある道徳判断のためにコールバーグが必要と見た次のような操作を読み取りうるからである。すなわち、当事者たちが彼らの論拠を提出するさいの立脚点の完全な互換可能性（Reversibilität）、関係者すべてを包括するという意味での普遍性（Universalität）、最後に、おのおのの当事者が掲げる請求の、他のすべての当事者による同程度の承認の相互性（Reziprozität）が、それである」（ハーバーマス、同上、一九四頁）。

あるいは、次のようにも述べている。

「論議がコミュニケーション的行為の反省化された形態を表し、そして、了解志向的行為の構造のなかに前述した相互性と承認関係が必ず前提にされ、すべての道徳的理念が、――哲学的倫理学、日常のいずれの道徳的理念においても――その相互性と承認関係を中心にめぐっている以上、〈U〉［普遍主義］の実質を見出すことができるということである」（同上、ハーバーマス、二〇六頁）。

(16) 同上、一九三頁。

(17) 荒木紀幸監修、前掲書『モラルジレンマ教材でする白熱討論の道徳授業』中学校・高等学校編、明治図書、二〇一三年、一〇〇―一〇五頁。

(18) 同上、六四―六九頁。

(19) ハーバーマスは、次のように述べている。

「コールバーグの道徳段階に脱慣習的段階をもう一つだけ補ったり（C・ギリガン）また、パラレルに導入された段階のヒエラルヒーで補ったり（N・ハーン）しようとする者は、道徳の問題と価値評価の問題をあるいは正義の問題と善き生活の問題とを十分に区別していない。個人の生活態度に関して、これに対応するのは自己規定と自己実現という側面の区別である。多くの場合狭い意味での道徳の問題が解決したのちになってはじめて、生活形態や生活目標（自我＝理想）のなかでどれを選好するかの問題、また品格や行為のあり方の評価の問題が、提起されるのである」（ハーバーマス、同上、二二七頁）。

(20) したがって、ハーバーマスは、次のように述べている。

「道徳原理をディスクルス倫理学に基づいて理解しようとする立場にたつならば、道徳判断を信条倫理に狭く限定してしまうのも認めるわけにはいかない。［道徳判断のうちにすでに責任倫理の観点が含まれているとみるべきであって」問題となる規範を既存のコンテクストのなかに一般的に適用するさいに生じると予期される結果や副次効果を考慮していくために、責任倫理の観点をさらに付け加えていく必要などないのである」（同上、二七八頁）。

(21) 彼は、次のように述べている。「これに対し、自我の同一性はコミュニケーション的行為というより複合した連関のなかで形成される。言い換えれば、生活世界のコンテクストから徐々に分化し自律してくる客観的世界、社会的世界、主観的世界の三者の組み合わせからなる構成と接するなかで、形成されるのである」（同上、二七九頁）。

(22) つまり、「自由とは、まさに自己を意識し……、そのことによって自己を実現するという無限の必然性をうちにふくむものです。自由とは、自分みずからを目的としてそれを実現するものであり、精神の唯一の目的なのです」（ヘーゲル『歴史哲学講義』岩波文庫、上、一九九四年、四二頁）。

(23) 『みんなのどうとく』東京都版、学研、一九九六年、二八一三二頁。

(24) ハーバーマス、前掲、二八〇頁。

(25) 同上、二八二―二八四頁。

(26) したがって、本書は苫野一徳と同じ問題意識の上に立ち実践的課題を追究するものである。「しかし私たちは、ハーバーマスのように、法（権力）の手続き的正統性のみを強調するだけでは不十分である。ハーバーマスの理論は、簡潔にいえば、討議を重ねることで妥当な法を作っていこうというものだが、これは全章でプラグマティズムを批判的に検討した際に述べたのと同様、形式的には妥当だが、どのようにアイデアを出し合って合意を作っていけばよいかという、その内実の論じ方がほとんど明らかにされていないという意味において不十分である。ハーバーマスが探究するのは、いかにして民主主義的で十全な討議が可能な公共圏を作るかという問題であり、それはそれとしてもちろん極めて重要な課題ではあるが、私たちは、この討議の方法それ自体をも十分に明らかにしておく必要がある」（苫野一徳『どのような教育が「よい」教育か』講談社選書、二〇一一年、一三一頁）

第二部　思考力を育む道徳教育の実践

実践１　アリとキリギリス（小学一年生）

キリギリスさんはずるいですか

「アリとキリギリス」はイソップ寓話の物語として、子どもを中心に日本でも親しまれている。また、日本では「働かざる者は食うべからず」といった教訓を学ぶことができる物語として親から子どもへと読まれてきた。「アリとキリギリス」は、次のようなエピソードである。

１　エピソード

夏の間、アリたちは冬の食糧を蓄えるために働き続けていた。一方、キリギリスはバイオリンを弾き、歌を歌って過ごしていた。そんなキリギリスを見て、アリは「冬に向けて食べものを集めたほうがいいよ」と忠告するがキリギリスはそれを無視して遊び続けていた。やがて冬がきて、キリギリスは食べ物を探すが見つからず飢えていた。そしてキリギリスたちはアリたちに食べ物を分けてもらおうとするが、アリは食べ物を分けることを断る。そして、キリギリスは飢えて死んでしまう。

日本の子ども達はこの物語を読んで「怠けてばかりいるとキリギリスのようになる」と考え「怠

けることは悪」、「勤勉であれ」といった教訓を学んできた。しかし最近では、「アリとキリギリス」の本の結末を変えた本も出版されている。それは、「働かずに遊んでばかりいたキリギリスは冬に飢えて死ぬ」という結末を「アリが食べ物を分けてあげる」という結末に変えた本である。

　大人の中でも、食べ物を「分ける」と「分けない」が分かれる「アリとキリギリス」。小学校一年生にとって身近で、また物語も理解しやすく、一年生という発達段階においても扱いやすいという理由でこの物語を題材として授業を行うことにした。

② 指導案（筆者が実際に行った授業案）

時間	児童の活動	教師の働きかけ	指導上の留意点
導入（５分） 説明	○「アリとキリギリス」の読み聞かせを聞き、ストーリーを理解する。 ○自分がアリの立場だったら、「キリギリスに食べ物をあげるか、あげないか」というジレンマについて理解する。	・「アリとキリギリス」の読み聞かせを行う。 ・アリのもつ「食べ物をあげるか、あげないか」というジレンマを紹介する。	・アリとキリギリスになりきって、絵本の読み聞かせを行う。 ・最後の絵本の結末「食べ物をあげるか、あげないか」は言わない。
発問：あなたがアリだったら、キリギリスに食べ物をあげますか？			
５分 ワークシート に記入	○ワークシートに「あげる・あげない」を記入し、その理由も書く。	・ワークシートを配布し、児童に自分の意見を記入させる。	・具体的に理由を書くよう、机間指導を行う。 ・記入の困難な児童をファシリテーターは補助する。

時間	児童の活動	教師の働きかけ	指導上の留意点
展開（15分） 説明	○椅子と机を移動し、グループを作る。 ○キリギリスに食べ物を「あげる派」と「あげない派」に分かれる。 ○アリになりきり、食べ物をあげるか、あげないか、理由を述べ、話し合いを行う。	・四つのグループに分ける。 ・ファシリテーターがキリギリスになりきり「食べ物ちょーだい？」と聞く。 ・それぞれのグループで、理由を一人ひとりに聞いていく。 ・自分とは反対の意見についてどう思うのか発言させる。	・ファシリテーターはキリギリス、児童はアリの被り物を被り、それぞれの役になりきる。 ・決まったフレーズ（「食べ物ちょーだい」「いいよ。」「やだよ。」「なあんで？」）を使いながら、会話を行う。
	発問：あなたがアリだったら、キリギリスに食べ物をあげますか？		
5分 ワークシートに記入	○討論後の自分の考えをワークシートに記入する。 ・話し合い活動後に意見が変わったか。 ・どうして変わったか。	・友達の意見を聞いて意見が変わった場合も変わっていない場合も、自分の意見をワークシートに書かせる。	・具体的に理由を書くよう、机間指導を行う。 ・記入の困難な児童をファシリテーターは補助する。
10分 クラス全体で発表	○挙手をして発言をする。 ○友人の意見を聞く。	・児童に発表をさせる。	・ファシリテーター全員がキリギリスになりきり、「食べ物ちょーだい？」と質問する。
5分 まとめ	○ファシリテーターの話を聞く。 ○感想を書く。	・板書を用いて様々な意見が出たことを確認する。	

※ファシリテーターが一人の場合でも授業を行うことは可能。ファシリテーターを中心に教室全体で児童同士の話し合い活動を進める。話し合いの後、「どのような意見が出たのか」児童が振り返ることができるよう、黒板を用いて児童の意見を板書するとよい。

3 ワークシート

次の頁には、授業に使用するワークシートを載せている。小学校一年生が取り組みやすいように、発問を分かりやすく設定している。また「意見を書いてみよう」という気持ちを湧き立たせることができるように絵を用いた。

ワークシートは、「最初の意見」と「話し合い活動を行った後の意見」、またその「理由を書く」という構成にしている。これによって、児童が授業前にどの段階の理由付けを行っていたのか、また話し合いの後、児童の意見がどのように変化していったのかを確認することができる。

留意したい点は、「最初の判断の理由」と「周りの子の意見を聞いた後の意見の理由」をできるだけ詳しく書いてもらうことである。理由を具体的に書かせないと、児童がどの段階にいるのか判定不可能になる可能性がある。そのため、できるだけ詳しく書かせて、できるだけ正確な段階分けの判定を行えるようにしたい。

4 ワークシートの典型例

ここでは、実際に授業を行うにあたってワークシートの典型例を紹介する。

「アリとキリギリス」

名前（　　　　　　　　）

○あなたがアリだったらキリギリスに食べ物を（　あげる／あげない　）。

理由

夏に働かなかったキリギリスが悪いから。

※　できるだけ詳しく書かせる。

○みんなの意見を聞いて、自分の意見が（　かわった／かわらなかった　）。

○あなたがアリだったらキリギリスに食べ物を（　あげる／あげない　）。

理由

夏に働かなかったキリギリスが悪いけど、命を失うのはかわいそうだから。命は一つしかない大切なもの。

※　できるだけ詳しく書かせる。

「アリとキリギリス」

名前（　　　　　　　　　　　　）

〇あなたがアリだったらキリギリスに食べ物を（あげる／あげない）。

理由

〇みんなの意見を聞いて、自分の意見が（かわった／かわらなかった）。

〇あなたがアリだったらキリギリスに食べ物を（あげる／あげない）。

理由

⑤ 典型例を五つの段階で評価する。各段階において相互性の内容を確認する

「アリとキリギリス」の物語において、考えうるジレンマを解決する理由付けの段階分けを行った。それが次の表である。

あげる	あげない
第一段階　権威への迎合、単純に誰かに叱られるからというような理由で罰を恐れる価値観	
・キリギリスに食べ物をあげるという意見をもたないと仲間に怒られるから。	・キリギリスは夏の間遊んでばっかりだったのに食べ物をもらえるなんてせこい。 ・食べ物をためておかなかった自分が悪い。そんなキリギリスに自分が頑張って集めた食べ物をあげたくない。
第二段階　褒美や恩などを期待する自己中心的な互恵主義的価値観	
・今回はキリギリスに食べ物をあげて、自分が困ったときはキリギリスに食べ物を分けてもらおう。	・食べ物をあげても、キリギリスは何もくれないだろうし、自分が損するだけだから。
第三段階　忠誠心、皆が見ているから、恥ずかしい、良い子と見られたいというような他者志向的価値観。かわいそうというだけで行為の成果の意味を考えない場合。	
・キリギリスに食べ物を分けることは嫌だけど、あげた方がいい人だと思われるからあげる。 ・食べ物を分けてあげないと周りからひどい人だと思われるから。	・食べ物を分けてあげると一緒に夏の間頑張って働いてきた仲間から「どうしてあげるの？」と怒られてしまうかもしれないから。
第四段階　法、慣習などこれまでの決まりや慣習に従うことだけを大事にする価値観	

・道徳では「食べ物に困っている生き物には食べ物を分けよう」という行為がよいとされているから。	・食べ物を一度分けてしまうと、他の生き物ももらえると思ってしまう。そうすると社会の秩序が乱れるから。
第五段階　家族、友人、組織、社会など自己の役割を多層化したレベルで理解した上で自分が自分の権威に基づいて判断している。	
・同じ場所で生きていて、キリギリスが飢えてしまった。事前にキリギリスが働くように働きかけることができなかったアリにも責任はある。 ・キリギリスはアリが忠告したにもかかわらず、働かないことを決めた。しかし、食べ物を分けてあげないとキリギリスは死んでしまう。一度の怠り以上に命は尊いものである。	・夏に食べ物を集めないで冬を迎えてしまうと、冬では飢えるということは自然が導く結果である。その自然の結果を変えることは自然の摂理に反するから。 ・キリギリスさんは弱肉強食という自然の中で生きている。自然を変えることはできない。キリギリスさんが飢えてしまうことは自然の中で起こったことだから。

これをもとにして、児童の意見の段階分けを行っていった。

6 授業の記録と反応に関する考察

授業の記録

（A）授業の実際

〈導入〉

今回の授業では、授業の初めに、児童にアリの被り物を配り被ってもらうことで児童にアリになりきってもらった。そして「アリとキリギリス」の読み聞かせを行い、児童はアリの気持ちになってそのお話を聞いた。お話の最後のところ、キリギリスが食べ物を分けて欲しいとアリに頼みにくるところでお話を終えた。アリが「あげた」もしくは「あげなかった」という結論は伝えなかった。

読み聞かせが終わってから、児童はワークシートに「キリギリスに食べ物をあげるかあげないか」を理由とともに記入した。そして記入後、ファシリテーターがキリギリスになりきり「アリさん、食べ物ちょうだい」と聞き、児童に「やだよ」もしくは「いいよ」と応えてもらった。最初の意見を聞いたとき、ほとんどの児童が「やだよ」と応えた。「いいよ」という応えは少数であった。

〈話し合い活動〉

最初の意見を聞いた後に、四つのグループに分かれて、それぞれにファシリテーターがつき、話し合いが進められた。児童は「あげる派」「あげない派」に分かれ、自分の意見を主張した。はじめ、「あげる派」が少数で「あげない派」が大多数だったため、それぞれのグループの中で「アリのアドバイスを無視して遊んでいたキリギリスが悪い」という風潮ができあがっていた。「あげる」と言っていた児童もみんなの意見を聞くにつれて「キリギリスが悪い」と言い出した。

しかし、このときにファシリテーターが「食べ物をあげなかったらキリギリスさん、どうなっちゃうかな」と発問を行った。すると、「死ぬ」という返答がされた。「キリギリスなんか死んじゃえばいい」と発言をする児童もいる反面、「死んじゃうのはかわいそう」と言い出す児童が出てきた。ファシリテーターが「みんながキリギリスさんの立場だったらどうかな」という発問を行うと、児童は「キリギリスさん寒いかもしれない」「死ぬのはかわいそう」という意見が多く出された。

〈自分の意見を振り返る〉

話し合い活動を終えて、児童は最後にまた「あげる」か「あげない」か、両者のうちどちらかを考えて選びワークシートに自分の意見を書いた。

「難しい」という児童の声が聞こえた。消しゴムで何度も自分の書いた意見を消して書き直す子もいた。児童が書き終えた後に、最後にもう一度「アリさん、食べ物ちょうだい」と聞いてみた。すると、授業前に比べて「やだよ」の声が小さくなり、「いいよ」の声が大きくなった。

授業前と授業後の児童の意見を比べると、「あげない派」から「あげる派」になった児童が九人、「あげる派」から「あげない派」になった児童が四人という結果になった。

（B）授業前と授業後の児童の意見（全児童三三名）

	授業前	授業後
あげる	9名	14名
あげない	24名	19名

（C）授業前と授業後で意見のうつりかわった児童（一三名）

	人数
あげる↓あげない	4名
あげない↓あげる	9名

（D）授業前の児童の意見の段階分け

ここでは、児童の最初の意見を表で段階ごとに示した。表を見ると「あげない」という意見では、第一段階の意見が圧倒的に多かった。授業の中でも、読み聞かせを行った後、「みんながアリさんだったら食べ物をあげる？」と聞くと「あげない。キリギリスなんか死んだらいいんだ」といった意見や「あげない。キリギリスが悪い」という意見が発言された。「自分が頑張って働いて蓄えた冬の食糧を、遊んでばっかりいたキリギリスにどうしてあげないといけないんだ」という思いをもつ児童が多かった。

しかし、一方で「あげる」の意見を見ると第三段階の意見が多かった。小学一年生は、「命は大切である」ということを絵本やアニメ、また親や教師といった周りの大人たちを通して学んでいる。そのため「死ぬ」ことは「かわいそう」なことであるという認識を持っている。一見、「命は大切なものである」という自分の権威に基づいた判断で食べ物を「あげる」を選択したように思えるかもしれない。しかし、「かわいそうだからあげる」というのは、その場限りの慈悲でしかない。もし「キリギリスは、一度食べ物をあげてしまうと、ずっと食べ物をもらおうとするかもしれない」

「キリギリスは、いざとなったらアリに頼ればいいと思うかもしれない」といったことを想定した上で「それでも命は大切だからあげる」と児童が回答するならば、それは第五段階の回答に近づく。

この場合、「どうして命は大切だと思うの」という発問も行いたい。なぜなら、その問いに対して「テレビで命が大切だと言っていたから」「お母さんが命は大切だと言っていたから」という回答であった場合、第三段階だと考えられるからである。今回実施した授業では、児童が話し合い活動を行う前に記入したワークシートの回答に、そういった発問をすることができなかった。そのため、児童の「かわいそうだからあげる」という回答をした意見は全て第三段階にした。

「あげる」の意見で、一人だけ第五段階と思われる意見を書いた児童がいた。その意見は、次の通りである。

「食べ物ちょうだい」って言われたら「いや」って言いたいけれど、「さあ、分けてあげましょう。でもね、キリギリスさん、夏に私たちが働いているときにばかにしましたね。これで働く大切さがわかりましたか」と働く大切さを伝えて、食べ物をあげる。

この意見は、ただあげるだけでなく、本当は食べ物をあげたくないという気持ちを伝えた上で「働くことで今後キリギリスが飢えない」という「働くことの大切さ」に気づかせ、キリギリスに働くように呼びかけているのである。これは、その場限りの慈悲ではなく、「命は大切である」という価値観のもと、今後キリギリスが飢えてしまわないようにキリギリス自身がどうしていけばよいのかを導いていると考えられる。児童は、自分が一時しのぎで食べ物を分けてもまた繰り返されてしまう可能性に気づき、また、食べ物を分け合える側の気持ちも理解しているため、「働くこと」

の大切さを伝えようとしたのではないかと考えられる。この意見は、あらゆる立場（アリの立場、キリギリスの立場）から考えることができており、また「命は大切である」という自分の権威に基づいて判断した回答であることから第五段階であると考えた。

あげる	あげない
第一段階　権威への迎合、単純に誰かに叱られるからというような理由で罰を恐れる価値観	
なし	・キリギリスが用意しないのが悪い。 ・冬が近づいてきているにもかかわらず、キリギリスが働かないのが悪い。 ・キリギリスさんは、アリが声をかけたのにもかかわらず働かなかったからあげない。 ・ありが食べ物を集めているときに「食べ物をあつめなくてもいいの」とアリが聞いたのに、（食べ物を）集めずに歌を歌っていたのが悪い。 ・キリギリスさんは「集めなくていい」と言っていたが、それは「死んでもいい」と同じことを言っているから。
第二段階　褒美や恩などを期待する自己中心的な互恵主義的価値観	
・あげないといじわるされるかもしれないからあげる。	・せっかく冬に向けて食べ物を集めたのだから、キリギリスさんにあげたくない。キリギリスさんも大丈夫と言っていた。 ・あげると自分たちの分がなくなるから。

第三段階　忠誠心、皆が見ているから、恥ずかしい、良い子と見られたいというような他者志向的価値観。かわいそうというだけで行為の成果の意味を考えない場合。	
・謝ったらあげる。 ・キリギリスさんはまだ何も食べていないから。 ・キリギリスさんがかわいそうだから。 ・冬は食べ物がないからあげる。 ・キリギリスさんが死んでしまうから。 ・キリギリスさんが死にそうになったらかわいそうだから。 ・キリギリスさんは夏、秋に食べ物を蓄えなかったことはいけないけれどかわいそうだから。	なし
第四段階　法、慣習などこれまでの決まりや慣習に従うことだけを大事にする価値観	
なし	なし
第五段階　家族、友人、組織、社会など自己の役割を多層化したレベルで理解した上で自分が自分の権威に基づいて判断している。	
・「食べ物ちょうだい」って言われたら「いや」って言いたいけれど、「さあ、分けてあげましょう。でもね、キリギリスさん、夏に私たちが働いているときにばかにしましたね。これで働く大切さがわかりましたか」と働く大切さを伝えて、食べ物をあげる。	なし

（E）授業後の児童の意見の段階分け

話し合い活動を終えた後、自分の意見を変えた児童の意見を、次のように段階分けを行い表でまとめた。話し合いを行う前に比べて、「あげない」という意見から「あげる」という意見にかえた児童は九人、「あげる」から「あげない」に意見をかえた児童は四人であった。

著者のグループでは、話し合い活動のはじめ、「キリギリスなんか死んじゃえばいいんだ」といった意見や、「キリギリスが悪いから仕方ない」といった声が多く聞こえた。しかし、ファシリテーターが話し合い活動の中心発問である「食べ物をあげなかったらキリギリスさん、どうなっちゃうかな」という発問を行うと「死んでしまう」「かわいそう」といった意見が聞こえ始めたのである。そして、周りの児童も「死んじゃえ」という意見を言う子に対して「でも死んじゃうのはかわいそうだよ」「死ぬのはかわいそうだよ」と発言をするようになった。そういう話し合いを通して、著者のグループでは「あげない」→「あげる」に変わる児童が多かった。

あげる	あげない
第一段階　権威への迎合、単純に誰かに叱られるからというような理由で罰を恐れる価値観	
なし	・（食べ物を）集めないのが悪い。 ・キリギリスさんが夏や秋の間に平気に音楽をひいていたからキリギリスさんがいけない。 ・アリさんがアドバイスをしたのにもかかわらずキリギリスは言う通りにせず遊んでいたから。
第二段階　褒美や恩などを期待する自己中心的な互恵主義的価値観	

なし	なし
第三段階　忠誠心、皆が見ているから、恥ずかしい、良い子と見られたいというような他者志向的価値観。かわいそうというだけで行為の成果の意味を考えない場合。	
・かわいそうだから家にいれてあげる。 ・かわいそうだから。キリギリスさんが謝ったらあげる。 ・アリさんはキリギリスさんと仲良くご飯を食べたほうがいい。 ・キリギリスさんにあげるのはいやかもしれないけど、半分食べ物をあげる。 ・お話ではあげるから。（※）	なし
第四段階　法、慣習などこれまでの決まりや慣習に従うことだけを大事にする価値観	
なし	なし
第五段階　家族、友人、組織、社会など自己の役割を多層化したレベルで理解した上で自分が自分の権威に基づいて判断している。	
なし	なし

児童には授業のはじめに、アリさんの被り物を被ってもらっていた。そのため、児童は読み聞かせの間、アリの気持ちになりきることができていたと考えられる。アリの気持ちになって読み聞かせを聞いた児童は、読み聞かせが終わったあと「飢えて死んでしまうかもしれない」という「キリギリスの立場」ではなく、「冬に向けて、自分たちが一生懸命働いて集めてきた食べ物をどうして楽をしてきたキリギリスにあげないといけないのか」という「アリの立場」からの意見をもつ児童

が多くなったと考えられる。そのため「あげない派」が多数を占めたのである。しかし、話し合い活動の中で、ファシリテーターが「食べ物をあげなかったらキリギリスさん、どうなっちゃうかな」という発問を行うことで、児童は「アリの立場」から見ていたこの物語に、「キリギリスの立場」があることに気づく。「キリギリスの立場」とは、「冬のことを考えずに夏と秋を遊んでいたら、冬に食べ物がなくて困ってしまった。寒くて食べ物がないという状況でアリさんに食べ物を分けてもらえないかたずねる」という立場である。

このキリギリスの立場を考えるようになると、つまり「自分がキリギリスだった場合」のときを考えるようになると、児童は「本当に命を落とさないといけないようなことをしたのだろうか」「冬の寒い時に、食べるものもなく、家もないってかわいそう」という意見を持つようになった。児童は「キリギリスの立場」に気づくことで、自分が「ありの立場」にとらわれていたことに気づき、「自分が頑張って集めてきた食べ物を、楽をしてきたキリギリスにあげるなんていやだ」という思いから「本当にキリギリスは命を落とさないといけないことをしたのか」という「命の重さ」という視点でこの物語を見ることができるようになったのである。その結果、授業後は「あげる派」が授業前に比べて多くなったのではないかと考えられる。

また、今回の授業で興味深い意見があった。それは授業後の段階分けの表に記している※のところである。児童の中で三人が、授業後の意見で「あげる」を選び、理由が「お話ではあげるから」と書いた。これは、「自分で判断をすることが難しかったから、お話通りの回答にすればいいだろう」という意見である。筆者は四年生で道徳の授業を行ってきたが、こういった回答を見たことがなかった。これは、「自分では考えることが難しいため、お話通りの結論を言えば正解だろう」という考えから生まれた意見だと筆者は考える。この意見は一年生という発達段階だからこそ出た意見であろうと推測する。

7 授業の反省

小学一年生という発達段階は、自分が中心で、相手のことを考えて行動することはまだ難しい。そのため、今回の授業でも児童同士の話し合い活動だけでは、見逃していた視点、今回で言えば「キリギリスの立場」という視点に気づくことは難しいと想定した。

児童同士の話し合いの中で、ファシリテーターが児童の見逃していた視点について少し気づくような発問、今回で言えば「食べ物をあげなかったらキリギリスさん、どうなっちゃうかな」と聞くことで、児童は見逃していた視点「キリギリスの立場」に気づくことができたのである。

今回、四つのグループに分かれて話し合い活動を行った。ファシリテーターが「食べ物をあげなかったらキリギリスさん、どうなっちゃうかな」という発問を中心に話し合えたグループは意見が最初と最後で「あげない」から「あげる」に変わっていた。しかし、児童を中心に話し合ったグループでは「あげる」から「あげない」に意見が変わっていたことが大きい違いであった。一年生という発達段階では、「みんなが言っているから」という考えで意見は容易に変わりやすい。そのため、児童だけで話し合い活動をさせてしまうと、自分の意見より多数派の意見で統一されてしまう恐れがある。

では、どのようにすれば児童中心の話し合い活動が行えて、多数派の意見に統一されるのを防ぐことができるのだろうか。それは、ファシリテーターが高段階の意見をもつ児童に発言させ、その意見を尊重することであると著者は考える。ファシリテーターが意見を言うと、児童は「ファシリテーターの意見を言えば正解だろう」と思う可能性がある。そのため、ファシリテーターは高段階の児童の意見を中心に、児童同士話し合い活動をさせたい。そうすると、周りの児童は高段階のその意見について考えるようになり、気づいていなかった視点に気づくようになる。このファシリテーターの役割が非常に重要となってくる。

今回実施した授業では、そのような働きかけが十分ではなかったことが反省点として挙げられる。今回実施した授業において、話し合い活動後の「あげる」の意見の理由は第三段階が多かった。第五段階の意見をもつ児童を中心に話し合い活動を行えば、他の児童も第五段階の視点に気づき、第五段階の意見が増えたのではないだろうか。高段階の児童の意見を中心に話し合い活動を進めていくことに留意すべきであった。

8 結論

今回実施した授業で、話し合い活動を行うことで児童は気づいていなかった視点に気づき、より高段階の理由を考えられるようになり段階の上昇は見られた。しかし、児童中心の話し合い活動を行えたとはいいがたい。高段階の意見をもつ児童中心で話し合い活動が行われていたら、より段階が上昇したのではないかと考える。

事例2　ある教室での実践例（小学四年生）

下北半島のサル

1　エピソード

はじめに、本稿は『個性化教育研究』（日本個性化教育学会）第七号二〇一六年三月に掲載された論文に加筆修正したものである。本授業実践は、コールバーグの道徳的発達段階論に対して、判断の「行きつ戻りつ」を大きく拡大して思考の可逆性を可能にした教育実践の実例として示した事例の紹介とその分析を試みたものである。すでに、周知のごとく、現在、道徳教育の改革については、市民性の育成についてどうすればそのような実践が可能となるのか、パイロット的な授業実践例が求められていると言える。以上のような課題意識から、これまでの理論と実践を土台にして新しい実践を試みたのが本研究である。

本研究の手がかりとしたのは、ＮＨＫの道徳の授業「下北半島のサル」のＤＶＤ【「サルも人も愛した写真家」『道徳ドキュメント１　キミならどうする？』（ＮＨＫエンタープライズ）】である。このビデオは、ドキュメント風に描いた道徳ジレンマを生徒自身が、自分が主体となって問題に直面したと仮定し、自らの頭で主観的に体験することを意図して作られている。このビデオを使って実践した教師は、すでに幾人かはいる。しかし、同じ題材であっても、授業の展開も結果も同じものになるとは限らない。その展開と結果は、多様である。しかし、多様であるからという事実は、それでよいという理由にはならない。自ずと、その実践の質が問われていると言える。それは、まさに、材料をどのように料理するかによってその味が問われるように、教師の腕が問われていると言えるものである。その「腕」とは何か、本論文において一つの形を提示するものである。諸氏のご批判、評価を仰ぎたい。

さて、授業の腕を構成する要素の一つとして、ユルゲン・ハーバーマスの「哲学的ディスクルス」による「対話」からなる自己を見つめる自分を作るという過程を導入することが大切と考える。この方法は、ハーバーマスの『道徳意識とコミュニケーション行為』(三島憲一・中野敏男・木前利秋訳、岩波書店、一九九一年)という書の中で極めて精緻に論じられている。

対話と価値観への気づきは、これまでもローレンス・コールバーグの流れをくむ荒木紀幸の実践例が多く出されている。荒木の提供してきた実践例は、多くの教師の道徳教育のやり方を変えてきた。しかし、その方法は、基本的にモノローグを中心としており、自己の「気づき」をゴールとして成り立っていた。たとえば、『モラルジレンマ教材でする白熱討論の道徳授業 小学校編』(荒木紀幸監修、明治図書、二〇一二年)という荒木流の実践手引きは、価値発達段階表において、価値ジレンマの問題解決において、賛成・反対に関わらずいずれの価値発達段階であるかを自己採点するマス目上の尺度の中で自分を位置づける方法をとっている。しかし、その方法は、お互いの対話の過程を記録するものがない。したがって、相互の立場の背景とその状況と利害がどのようなものであるのかという理解への活動が欠けている。この方法では、価値の尺度における自己の判断の点数化という単純な自己採点をするだけでおわってしまう。それでは、肝心のお互いの利害や動機についての理解や背景への関心というものがまるでない中で、点数化するというだけの行為に終わってしまう。

このような荒木流の方法に欠けているプロセスを導入したものが、本実践へとつながっている。この「ディスクルス倫理学」とハーバーマスが名づけたところの議論のあり方は、

(1) 論議の規則として機能する普遍化原理の提出
(2) 論議一般の不可避で規範的内容を備えた語用論的前提の確定
(3) その規範的内容の明示的な叙述、ディスクルスの規則という形態で、
(4) この(1)と(3)との間には、規範の正当化の理念と結びついて、実質的内包の関係が存在することの証明。

それは、「生活世界と有意な関連をもっていると見込みうる」直観的な相互理解から成り立っている。『道徳意識とコミュニケーション行為』(ユルゲン・ハーバーマス、岩波書店、一九九一年、一五四―一五六頁)

このことは、何を意味しているだろうか。それは、「生活世界」における「日常直観」が判断の妥当性の根拠となっているということをハーバーマスは、強調しているのである。つまり、私たちの判断の妥当性の根拠は、何か、超越論的な実践倫理命題にあるのではなく、また、カント的な観念論的な実践倫理にあるのではなく、私たちが日々暮らしている生活世界そのものの中にあるということを意味している。

では、私たちの判断がお互いに理解できるとか、わかるという意味の妥当性は、何か。帰納的推論や演繹的推論の結果として導き出されるのではなく、生活世界の中で、「超越論的プラグマティック」（カール‐オットー・アーペル）の中にある。つまり、規則や文法以前に、了解できるものが私たちの心の中に存在するということはある。それは、言葉に言い表しがたいものである。

以上のような問題意識から、以下のような実践的な試みがなされたのである。では、その授業の流れと結果について検討してみよう。

2 授業のねらい

思考力を高める道徳的対話の実践

道徳的なジレンマを基に相互の理解を進める授業だからこそより深い思考力を高めることになる。

3 思考力を高めるとは

① どのような思考力を高めるのか

違う立場の人のことを想像し、本当の理解を図る。

それが、多様化の社会に生き抜くための思考力、つまり、他者、異文化を認める力（寛容力）となる。

② どのように思考力を高めるのか

これまでの徳目主義的な価値を何の疑問も持たずに教え込むのではなく、価値の葛藤の中でこそ、真剣に考えて、思考力が高まっていく。つまり、「自分ならどうするか？」について真剣に話し合いをするような場面を作ることによって、相反するような価値がぶつかることで思考力が高まっていく。

③　めざすものは何か

徳目を教えるのではなく、話し合いによって道徳的な価値発達段階を上げることを目的とする。自分の意見と友達の意見を照らし合わせ、自分の考えを変えたり、深めたりするように子どもたちには促してから話し合いを持つようにする。そうすることで、自然と高い位置にある価値発達段階の児童の意見を聞き入れて、自分の考えを変えたり、深めたりするようになる。

4　授業の方法

①　価値の葛藤場面が含まれるお話をしたり、映像を見せたりする。
②　登場する人物（動物、もの）の立場や気持ちを話し合い理解する。
③　自分の考えをワークシートに記入する。
④　それぞれが自分の考えを発表し、考えを分類して黒板にまとめる。自分の考えが黒板のどこに位置しているのかを確認する。
⑤　賛成意見、反対意見を出して話し合う。
⑥　話し合いの中で気になる発言をメモしておく。

⑦　話し合いを終えた後、自分の意見を書く。その際、自分の考えを変えたり、深めたりした友達の意見を明記することを促す。

⑧　ワークシートを提出させて、評価をする。

5　実際の授業の様子

【授業の流れ】（2時間）

教　師：

これから下北に住むサルにまつわるお話をします。（映像を見ます）そこには、写真家が登場します。その写真家は、ある判断をしなくてはいけなくなります。もし、みんながその写真家だとしたら、その時、あなたならどう判断するでしょうか？　それをみんなで話し合って、考えを深めてもらうという授業です。

話し合いをするに当たっては、次の三つのことをしてもらいます。

①　お話には写真家以外にも様々な人物（サルも含む）が登場します。違う立場の人たちが、どのように考えるか、その人たちの気持ちを考えてください。

②　その後、自分が写真家だとしたらどう判断をするのか、自分の考えを持ってください。

③　その後、話し合いをしますが、友達の意見をよく聞いて、自分の考えを変えてください。変え方は二つあります。一つ目は、自分の考えを改めること。二つ目は、自分の考えをより良く

することと深めることです。

今回の道徳の授業の見通しを持つことが出来ましたか。

それでは、お話をします。（映像を見ます）

——ワークシート①を配る

（お話の終了後）

教　師：ここで、登場人物を整理します。その中で、どの人たちの気持ちを考えるべきでしょうか。

子ども：農家の人、役場の職員、研究者、サルなど

教　師：では、はじめに農家の人の気持ちを考えてみましょう。ワークシート②に自分の意見を書いてください。

教　師：それでは、みんなで農家の人の気持ちを考えて、話し合いましょう。

——農家の人の、役場の職員、研究者、サル、と話し合いを進める。（板書計画、ワークシート③）

——ここで1時間目の終了

（話し合い終了後）

教　師：それぞれの立場にいる人やサルがどういう気持ちでいるかを考えてきました。では、いよいよ写真家の気持ちになって、どのように判断するかワークシート③に記入しましょう。

その時に大事なことは、そのように判断した『わけ』を出来るだけ詳しく書くということ

です。

（ワークシートへの記入の終了後）

教　師：では話し合いを始めます。自分が判断した『わけ』をくわしく話してください。

子ども：Aだと思います。わけは…

教　師：Aに似ている意見はありますか？

――Aと似ている意見を板書しながらまとめる。

教　師：次の意見を聞きます。

子ども：Bだと思います。わけは…

教　師：Bに似ている意見はありますか？

――分類して出された意見を見やすくすることで、今、自分の意見がどこにあり、それが友達の意見によって、どこへ移動したのかが、黒板の上で分かりやすくなる。

――分類をしながら、教師はその分類が「道徳的な価値発達段階」のどの段階であるのかをイメージしておくとよい。（実際は、授業中に出た意見をその場で、どの段階なのかを判断するのは難しいと思います。）

――電子黒板を使った授業や、意見を紙に書いて黒板に貼って授業をする場合には、自由に意見を出させた後で、仲間分けをするような進め方も出来るだろう。

教　師：自分の意見はどこかのグループの中に入っていますか。

教　師：それでは、賛成意見や反対意見を聞きます。話し合いは、自分の主張を通すものではありませんから、気になる意見や、なるほどと思った意見をしっかり覚えておいて、自分の意見を変えたり、自分の意見を深めたりしてください。

――話し合いでは、一つの価値を教え込むのではなく、価値の葛藤をめざす。話し合いの中で、「道徳的な価値発達段階」が上がっていくような話し合いをめざす。

――話し合いの最後に一つの結論を出すような進め方をするが、最終的には出さない。

（話し合い終了後）

教　師：色々な考え方がありましたね。この話し合いで、自分の考えが変わったり、深まったり出来たでしょうか？　どの友達の意見がきっかけになったでしょうか？　それをワークシート③に記入してください。

――時間があれば、分類した考えに名前をつけるなどの活動を行うのもよい。

【フィードバックの方法として】

評価の一例として、ワークシートのコメントを読み、思考力が向上した所、「道徳的な価値発達段階」が向上した所に教師が赤線を引いて、そこを自覚させて、強化します。（資料）

具体的には、①友達の意見をよく聞いていることが分かる箇所　②自分の意見が変わったり、深まったりしている箇所に赤で下線を引きます。

ワークシート①

【下北半島のサル】

冬は深い雪に覆われている下北半島のサルは，北限のサルとして世界的にめずらしく，貴重な動物として多くの研究者から注目されている。国の天然記念物として有名である。そのサルが最近悪さをするようになり，村人は，大変困るようになった。村に入る税金の１／３がサル対策の費用になるほどだった。農家の人たちも，サルを傷つけまいと，畑を電気ネットでおおう，空気銃でおどすなど，色々と対策を試みた。しかし，頭の良いサルはすぐに見破り，その裏をかくため効果はなかった。そして最近では，畑だけではなく，農家の人たちにも危害を加えるようにさえなってきた。

ついに役場は悪いサルを捕まえて，薬を使って死なせる駆除を行うことを決めた。ただし，天然記念物のサルをすべて駆除するというわけにはいかない。駆除する条件としては，

① いたずらの常習犯であること

② ７歳以上のオス

③ リーダー格ではないこと

の３つに絞った。サルの群れを守り，存続出来るように，そして，悪いサルだけを駆除するためのルールだった。しかし，この条件をもったサルを見分けられる人は，村人にはいなかった。

そこで，白羽の矢が立ったのは，兵庫県出身のカメラマン松岡史朗さんだった。松岡さんは下北半島のサルをとり続け 20 年になり，村に移り住んでいる。サルに名前をつけるなどしながら，サルの暮らしぶりを写真に収めていた。その協力要請に，村人からあまり好まれていなかった松岡さんは，迷った。サルを愛してここまできた松岡さんが，今度はなぜサルを死なせることに協力しなければならないのか。さぁ，困った。あなたが松岡さんならどうする。

【この道徳授業での見通し】

① お話には写真家以外にも様々な人物（サルも含む）が登場します。違う立場の人たちが，どのように考えるか，その人たちの気持ちを考えてください。

② その後，自分が写真家だとしたらどう判断をするのか，自分の考えを持ってください。

③ その後，話し合いをしますが，友達の意見をよく聞いて，自分の考えを変えてください。変え方は２つあります。一つ目は，自分の考えを改めること。二つ目は，自分の考えをより良くすること，深めることです。

ワークシート②

◎色々な立場の人たちの気持ちを考えよう。

（農家の人たち）
自分の考え……

（役場の人たち）
自分の考え……

（研究者たち）
自分の考え……

（サルたち）
自分の考え……

ワークシート③

【話し合いをする前に】
○自分の考え…

○わ　　　け…

【話し合いの中で】自分の考えを変えたり，深めたりした人の名前などを、
　裏にメモをしておくといいでしょう
○気になる友達の意見
（誰の意見か，どこが気になるのか。いくつでもＯＫ）

【話し合いが終わって】
（最初の考えと比べ、どう変わったか、深まったか、または変わらなかったか）
○自分の考え…

○わ　　　け…

板書計画

農家の人たちの立場	役場の職員の立場	研究者の立場	サルの立場
・被害額が大きくて生活が出来ない。 ・サル対策で工夫をしてきた。 ・サルが危害を加えてくるので恐い。 ・出来ることなら，サルも一緒に生活したい。	・税金の１／３もサル対策にお金が使われては困る。 ・人間の生活や安全が一番優先される。 ・サルを観光や研究のために残しておきたい。	・殺すことで人間からサルが離れてしまっては，せっかく研究がすすんだのに，もったいない。 ・何とか，農家に工夫をしてもらいたいものだ。	・森を伐採されて，サルが生活する場所が減っている。 ・畑の方がてっとり早く食料が手に入る。 ・人間は，サルを攻撃しないことに気がついた。

資料　道徳的な価値発達段階表

第一段階 **物や権威にこだわる段階（罪や恐怖心をもとに行動する）** 　何かくれるから賛成する。 　こわいから，おこられるからしない。
第二段階 **仕返し，復習の段階** 　やったらやりかえす。 　見返りを期待する。
第三段階 **人の目を気にする** 　恥ずかしいからしない。良い子と思われたい。 　社会的習慣
第四段階 **法と秩序志向** 　法律，規則，義務など決まりがすべて正しい。
第五段階 **相手との関係において，自分自身の良心に照らして納得をする** 　相手の気持ち，状況や背景を理解して，自分の立場を脱自己中心化して判断できる

ワークシートに書かれた子どもの考えの変容

子どものワークシートの一部をコピーします。

【話し合いをする前に】
○自分の考え・協力しない
○わ　　け…まず農家の人たちはサルを差別しすぎです。サルはふつうにごはんを食べているだけなのに殺されるのっておかしいと思います。自分たちがごはんを食べているだけで殺されたらどうなんでしょう。だから、サルと人間を平どうにかんがえれば全体協力しません。

【話し合いの中で】～自分の考えを変えたり、深めたりした人の名前などを、裏にメモをしておくといいでしょう～
○気になる友達の意見
(誰の意見か、どこが気になるのか。いくつでもOK)
なにも殺さなくていい。元々さるの場所、僕らじゃない。よりサルも人間も平等、家族のようだ
悪い事は悪い、悪いサルのみ、自分も村人だ
サルのエサ場など

【話し合いが終わって】
(最初の考えと比べ、どう変わったか、深まったか、または変わらなかったか)
○自分の考え…深まった
○わ　　け…やっぱり人の意見も聞いて　やっぱり協力しないです。たとえば元々サルの場所だったなど　とっても深まりました。こういう事もあったな、たしかにそうだなと思った事がたくさんありました。

【話し合いをする前に】

○自分の考え… 協力しない

わざわざ松岡さんにまかせなくても良い

○わ　　け…

元々は、サルが先にそこに住んでいたのだから、人間がブーブ悪口を言ってサルを捕まえる必ようはないから、もしやるのだとしたら、自分でサルの事を勉強をしてから条件に合うサルを選べば良い。

【話し合いの中で】～自分の考えを変えたり、深めたりした人の名前などを、
○気になる友達の意見　　　　　　　　　　裏にメモをしておくといいでしょう～
（誰の意見か、どこが気になるのか。いくつでもＯＫ）

サルも学んで おしおき 悪いこと

なにも殺さなくても良い
タダの悪ズラ
ちがう方法を考えよう
お仕置き

サルのえさ場を作ろう

ただの悪ズラ

どんどん色々な所にサルがふえてしまう

自分じゃないと もっと殺される

【話し合いが終わって】
（最初の考えと比べ、どう変わったか、深まったか、または変わらなかったか）

○自分の考え… 協力する

○わ　　け…

自分が今、たすけてあげないと、かんけいのないサルたちまで殺されてしまう。
付人たちもサルも仲良くするには、自分がかかわって、出来るだけ多くのサルを生きさせるしかない。

【話し合いをする前に】
○自分の考え…協力しない

○わ　け…もうすこし村人にもまもってもらう。もっと色々なたいさくをねる。みんなでどうに力する。→(1)サルがすむ所にえさをおく。
(2)何か工夫をする。
↓
(3)全部(サルのむれを)を　サルが悪い事をしない用に

【話し合いの中で】～自分の考えを変えたり、深めたりした人の名前などを、
○気になる友達の意見　裏にメモをしておくといいでしょう～
(誰の意見か、どこが気になるのか。いくつでもＯＫ)


、もともとはサルの場所がいいとおもった。

人間が森をこわしてたて物を作ったりしたんだから。

サルの生きる場所をどんどんくずされてえさがなくなる。

だから人間からとりかえしにとるけどころされてしまう。

、なにもころさなくてもよいがいいとおもった。

たしかにとりかえしにやっていることだからころすなんてひどい。もともとは人間がわるいのにサルをころすのはひどい。という考えがでてきた。


【話し合いが終わって】

(最初の考えと比べ、どう変わったか、深まったか、または変わらなかったか)
○自分の考え…協力しない。
○わ　け…最所から、協力しないだったけれど中身の意味がかわりました。それはもともとは、サルがしんじゃうからと考えていましたが、もともとはサルの生きていた場所であって人間にこわされたのです。(と考えました。)なのにサルをころそうとするのは本当にひどいと思いました。友だちの意見をきいて自分が考えていた事い外の考えをみつけられました。

授業の最後に子どもの変容のプロセスを見る。

道徳のふり返り

私だったら、サルを殺すのを協
力したと思います。
松岡さんは二十年間もサルと
り続けて、名前まで付けて可愛が
っていました。いらいされた時は
とてもショックだったと思います。
でも、そこで自分が断わったと
しても、サルのくじょは無くなら

ない。そして村人からは「冷たい
目で見られるだけで、残ったサル
達とも別れなくてはならないかも
しれない。
それに、これは松岡さんだから
こそ出来たのではないかと思いま
す。サルだって、「じゃ、殺しま
しょう」なんて言われて殺される
より、すごく悲しんでくれた方が
幸せだろうし、協力してくれなか

たとして、現実的にもう他の手はつくし切っているので、ワナにかかった七才以上のオスは全て殺されてしまうかもしれないから、協力するのはいやでもせざるをえなかったのかもしれないからです。

　でも、人間もサルも同じ命。動物園にうつすとか、みんなでエサを分け合うとかだ出来たら良かったけれど、資金が無くて出来ない。


募金活動でもしたら、サルが住むしせつは出来たかもしれないけれど、理想だけ並べても時間はこくこくと過ぎて待ってはくれない。

　どちらかを選ぶのは本当にむずかしい事だけれど、人生にはそのる選ぶ力と勇気とを求められる時が必ずあるのだと思います。どちらが正しいのか、どうすれば一番良かったのかは正直なところ分かりません。

　苦渋の決断をせまられた時、答えから逃げたくても逃げられない重大な局面に立った時の気持ちを今回真剣に考えさせられました。たとえ問題が解決したとしても大きな課題がずっしりと残っているのです。サルの死を無駄にしないためにも、私達はこれから何が出来るのか考え、話し合っていく必要があると思います。

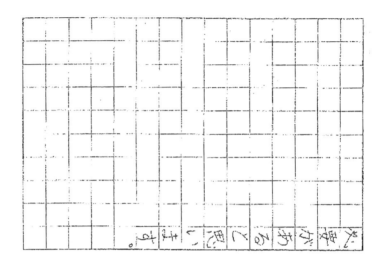

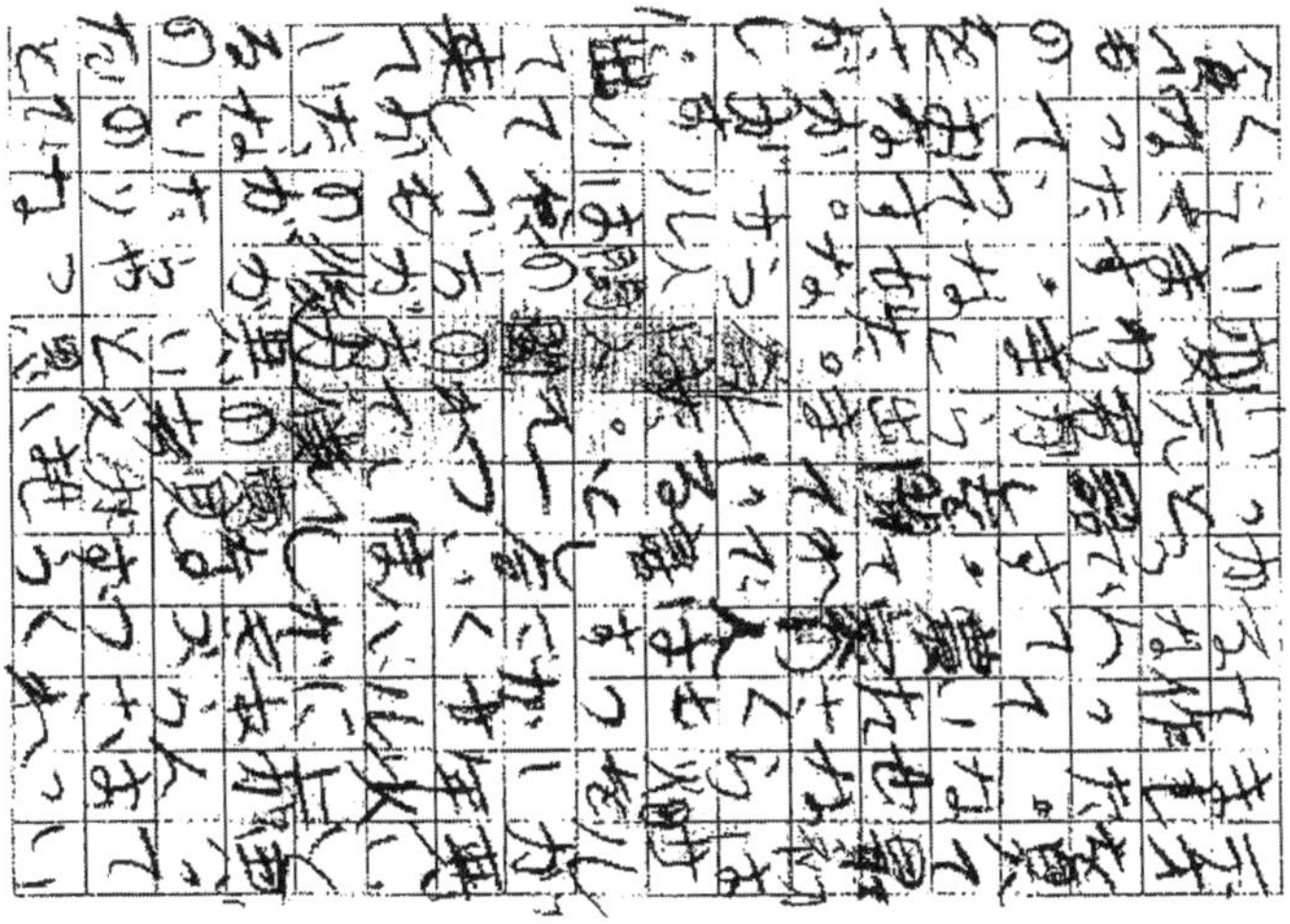

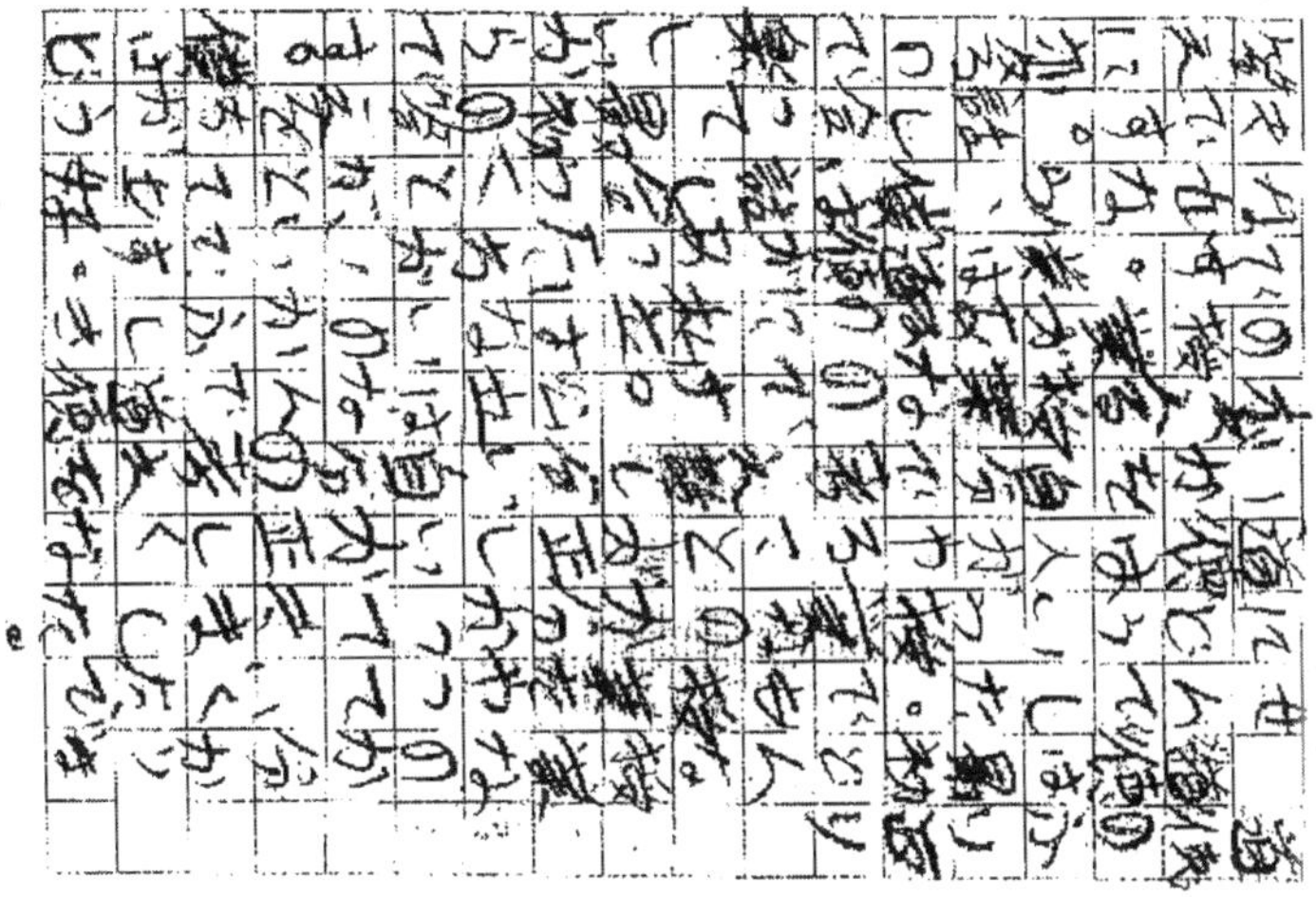

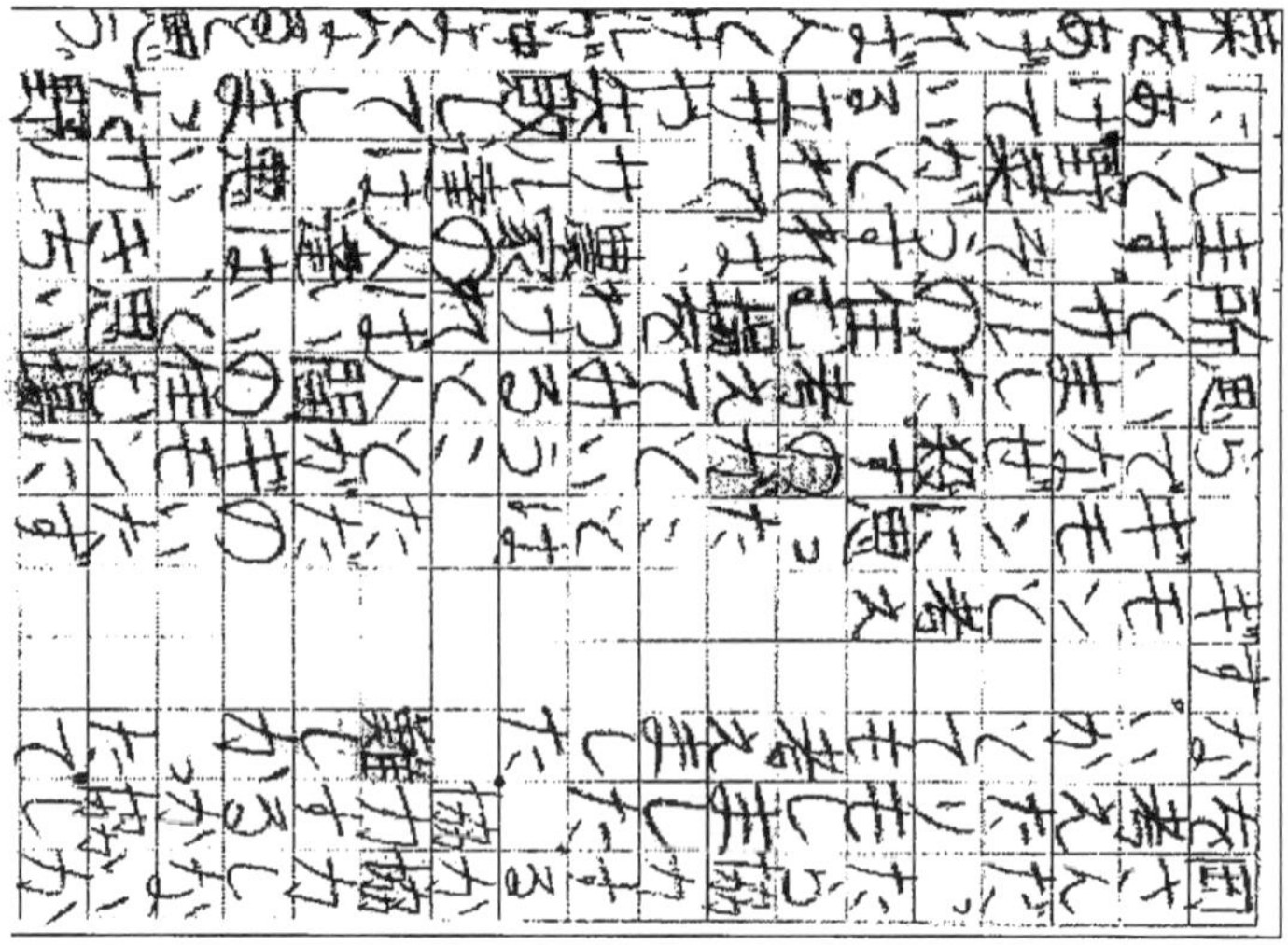

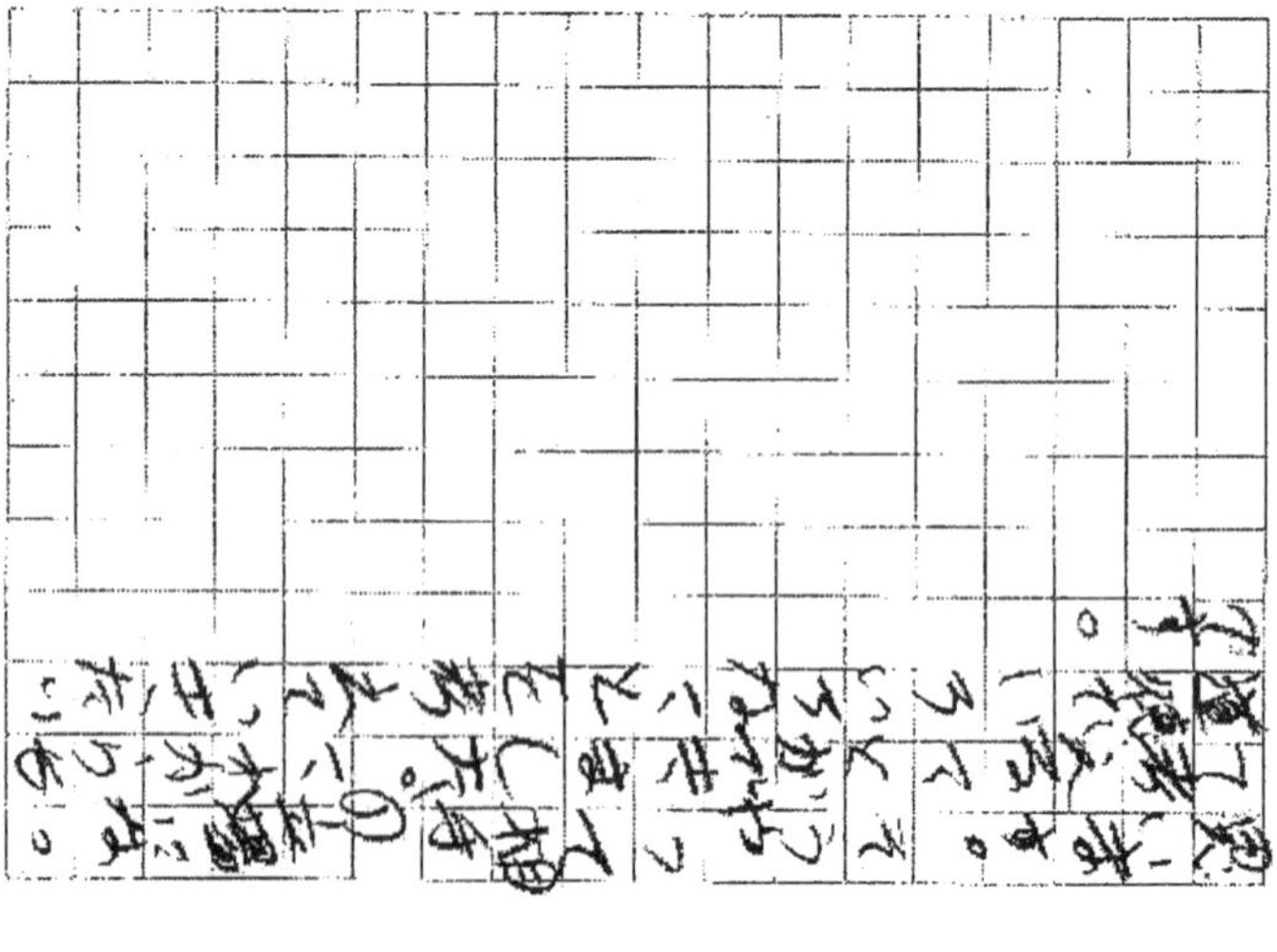

子どもたちの感想より（六名分）

・どちらかを選ぶのは本当にむずかしい事だけれど、人生には『選ぶ力と勇気』を求められるときがかならずあるのだと思います。どちらが正しいのか、どうすれば一番良かったのかは正直なところ分かりません。苦渋の決断をせまられた時、答えから逃げたくても逃げられない重大な局面に立ったときの気持ちを今回真剣に考えさせられました。たとえ問題が解決したとしても、大きな課題がずっしりと残っているのです。サルの死を無駄にしないためにも、私たちはこれから何が出来るのか考え、話し合っていく必要があると思います。

・だから、すごくむずかしいせんたくでした。いつも、こんなせんたくはしないので、とてもいいけいけんになりました。だから、これからも、このけいけんを生かしていきたいです。

・道徳は最初どんな授業なのか分かりませんでした。でも、授業をやっていくとどういう授業なのか分かってきました。道徳は人がやることが正しいか正しくないかを自分で考え、話し合い、自分の考えを変える授業なのです。ぼくは、話し合うことがとても好きです。話し合って最初の答えをちがう答えに変えるので楽しいからです。

・僕はこの道徳の授業はとてもむずかしい授業だと感じました。（略）この授業は、決断する時の勉強になって、人生にかかわってくると思います。良い授業でした。

・今日の授業で初めて分かったことがありました。それは、「ちがう立場の人のこと」を考えるということは、とってもかんたんそうに見えて、すごくむずかしいということです。

・道徳は、自分一人の事ではなく、色々な人の立場になって考えなければいけませんでした。この人にとっては、良い事だけど、こっちの（人）では（良いことでは）ないと、色々な人の気持ちなどもあるので、一人が良いからという事で決めてはいけませんでした。色々な人の意見を聞き、この人はどう考えているのかなども良く聞かなければいけませんでした。色々な人の立場の事を考え、色々な人の意見を聞き、整理してからこそ、本物の自分の意見と言えるのではないかと思います。そして、それから、自分の行く道を決めれば良いと思いました。

6 道徳の授業を行った結果

対象児童　三三名
友達の意見によって意見が変わった児童　一三名
友達の意見によって考えが深まった児童　一六名　合計　二九名
以上により、ほとんどの児童が話し合いにより、友達の意見を聞くことで、自分の意見を変えたり、深めたりしていることが分かる。
また、友達の意見によって、発達段階が上がったか、または同じだった児童は、28名という結果が出ている。つまり、友達の意見を聞く中で、自ずと発達段階の高い意見を聞き入れていることが分かる。今回の授業を通して、（話し合いをすることで）道徳的価値の発達段階が上がったということが言える。

ちなみに、意見が変わったけれども、その根拠として友達の意見を挙げていない児童2名、意見が変わらなかったけれども、その根拠として友達の意見を挙げていない児童一名がいる。

発達段階のどの位置にある意見なのかを判定することは難しく（九六頁の資料を参照）、評価する教師によって、この数値は変わりうるということも感じている。しかし、そうだとはいえ、友達の意見をよく聞き、自分の考えと照らし合わせる授業を行えば、児童の発達段階が上がるということは、概ね言えるのではないかと思う。

7 結論：授業者の感想

「話し合いで自分の意見を変える、自分の意見を深める」

そこにねらいを置き、よく伝えておくと、子どもたちは友達の意見をよく聞くようになり、よりよく理解しようとする。話し合いによって、自分の結論がたとえ変わらなくても、友達の意見をよく理解することで、自分の意見が変容していくものだということをしっかりと子どもに理解をさせた。そして、その変容をワークシートに記入することで、子どもたちは頭をよく使うことになる。つまり、それが思考力を育てるということになる。そういう意味では、今回の授業で子どもたちは本当によく考えて授業に臨んでいた。

子どもの感想の五番目を読んでもらいたい。「『ちがう立場の人のこと』を考えるということは、とってもかんたんそうに見えて、すごくむずかしい」と書いている。むずかしいと感じている瞬間こそ、思考力が育まれている時だと考えてもいいのではないか。

また、この授業の大前提になる「話し合い」だが、そこにも重大なカギがある。何でも話し合えばいいということではなく、子どもたちが話し合いたくなる素材でなければいけないということだ。踏み込んでいえば、話し合わざるをえないような素材、おおげさには、これからの自分の生き方に係わってくるような素材であることだ。

今回は、NHKのビデオ教材を使ったが、まさに「動物の命vs人間の生活」といった価値の葛藤を含んだ素材であった。このような、切実な問題においてこそ、より真剣な話し合いとなる。素材選びは慎重にしなくてはいけない。

子どもの感想の四番目のものを読んでほしい。「この授業は、決断する時の勉強になって、人生にかかわってくる」と書いている。人生にかかわってくる授業だったからこそ、真剣に考えたのだ。そして、違う立場にいる人（サルを含め）について一生懸命に考えてみるということは、実際の生活の中や授業の中ではあまりないことかもしれない。他人を本当に理解すること、理解しようとすることが道徳教育の基本である。それを、みんなで考えていくことは、とても重要なことといえる。いじめ問題も結局は同じことだ。いじめる子の立場を考えることは、最も重要なことだが、クラスとしていじめ問題に打ち勝つ強いクラスにしていくためには、クラスの子どもたちの全ての立場（いじめる子、いじめられる子、それをはやし立てる子、それを見ている子）について、みんなで考えていく必要がある。

また、話し合いというと、強い意見の子が、一方的に一面的に意見を言って、みんながその考えに流れる傾向があると思うが、今回のように、色々な立場を事前にしっかりと話し合っておくことで、感情的な思い込みによる発言や、一面からしか見ていない意見に話し合いが支配されることはなくなる。

注目していた児童がいる。動物が好きで好きでたまらない女子児童は、文章を書いても、絵を描いても、係活動も全て動物関係のものだった。年間一〇〇冊はゆうに超える読書量を誇るがそのほとんどが動物関係のものである。以前、保健所で処分される犬たちのことを詩に書いたことがあり、人間の都合で動物の命を奪うことに激しく抵抗感を示していた。その児童は当然、サルの命を奪うことには「協力しない」と書いていた。（九八頁のワークシート）普段の彼女の様子からしたら、話し合いが終わっても、絶対に「協力しない」で終わるものと思っていた。話し合いでは、うつむいていたので、「動物の命」がテーマであった話し合いには、気が乗らないものと感じていた。

しかし、授業後に話しかけてみると、「今日の授業は話し合いじゃなくって、ワークシートで参加したから、それを読んで」と意外な返答であった。そこでワークシートを読んでみると、彼女の考えは「協力する」に変わっていた。さらに、「話し合いの中で気になる友達の意見」の欄はビッシリと書き込みがされていて、なるほどワークシートで参加したという彼女の意見は納得できる。そこには、賛成意見、反対意見が多く書かれ、その両方の必要箇所にアンダーラインが引いてあった。彼女の中で葛藤していた様子がよく分かった。その中で出した結論が、友達の意見を十分に考慮した上で、「協力する」となっていたのだ。これには大変驚いた。そして、今回の授業の力を感じた。

例えば、ワークシートも準備せずに、「色々な立場の人をよく理解しましょう」とか、「話し合いで自分の考えを変えたり、自分の考えを深めたりしましょう」という言葉がけをしないで、ただ「話し合いをしましょう」と言ってビデオ教材を見せるだけだったら、どういう結果になっていたか。きっと、彼女は「どんな理由であれ動物を殺すことに反対」と言い続けたであろう。動物を愛してやまない自分とは価値観が異なる、他の立場の人に思いをはせて、その人ならどう考えるかを考えたのは初めてのことだったのかも知れない。自分の意見を通そうとする話し合いではなく、友達の意見を取り入れようとする話し合いを行い、友達の意見をよく理解しようとしたことで、それが返ってメタ認知的に改めて自分の価値観と向き合う機会となったに違いない。

実は、子どもの感想の最初のものが彼女のものである。それを読んでみると、彼女の中でまだ葛藤が続いていることが分かる。正解がどれなのか、判断しかねている。でも、決断をしなくてはいけない状況だということも理解している。そして、正解がどれなのかとこれからも考えて（話し合って）いくことが必要だということにも気が付いている。今回の教材は、まさに答えの無い題材なのである。ここに気が付いている彼女は、さすが年間一〇〇冊を超える読書量を誇るだけのことはある。

一方で、子どもの感想（一〇五頁）の右から三番目の児童は、成績ではクラスで下から数えた方が早いような子である。その子の感想を読んでみても、今回の授業の力を感じることができる。どうやったら、思考力が育まれるかが、そこにはしっかりと記述されている。そして、思考力を使った今回のような話し合いの授業が好きだと答えている。これにより、道徳の授業は、成績の上位、下位に限らず有効であるということが言えるのではないだろうか。

以上のように、様々な立場について本当の理解をして、その上で価値の異なる素材について話し合いを行い、その中で友達の意見を理解し、耳を傾けることで、道徳的な価値段階を上げることが出来るのではないかと考える。そして、その中で培った思考力や寛容力こそ、これからの多様な価値の社会で生きていく上で必要な、汎用性をもった力となっていくのである。

以上の実践記録からもわかるように、お互いの理解の根本には、子どもたちがお互いに他の子たちの意見を十分聞き、それを十分理解したとき、共有できる感情を持つことから始まる。そしてその感情を心から理解した上で、初めて相手の気持ちと言い分が「わかる」ということになる。それは、自分の感情と判断を相手の立場から見つめることにつながる。そして自分の立場が相手にどう理解されているのかを知ることになる。このような相互のやりとりを重層化するという過程に、自分の判断と他者の判断の違いを認識し、その中で、お互いの違いを埋めるように言葉を尽くすのである。このような理解は、教師の当初の予想を超えた相互作用のプロセスから出てくるものである。それは、教育の目的や目標を細かい文章であらかじめ述べるようなやり方からは決してうまれることのない、コミュニケーションなのである。

事例3　長谷川くん（小学四年生）

一人はみんなのためにみんなは一人のために

1　本実践の概要

人間にとって、出会う人々と互いに理解を深め、助け合って生活していくことは、共生社会を生きる上で大切な価値といえる。しかし、実際の生活において、出会ったすべての人を深く理解し、関わり続けていくことは、大人にとっても難しいことである。小学校学習指導要領解説「道徳編」では、中学年の児童は、気の合う友達同士で仲間集団をつくり、人間関係において、自分の利害に基づく衝突が強くなる傾向があると指摘されている。これらのことを踏まえ、道徳の時間では、「友達と互いに理解し、信頼し、助け合う」心情や態度を育むことを目指している。

本実践では、人との関わりをめぐる葛藤を感じながらも、児童の中に、相手のことを知り、関わっていこうとする心情・態度を育むことをねらいとし、絵本『はせがわくんきらいや』（長谷川集平作、復刊ドットコム）を題材として取り上げた。本題材は、主人公の「ぼく」が、虚弱体質をもつ、クラスメイトの「長谷川くん」と共に過ごす中で、様々な思いを抱きながらも、彼と関わり続けていこうとする様子が描かれた絵本である。本作品では、「長谷川くん」と一緒にいると困ることもあるけれど、「長谷川くん」のことが気になるし、もっと仲良くしたい、という主人公の複雑な葛藤が、生き生きとした描写で表現されている。そのため、児童が、「ぼく」の心情に触れることで、実感をもって、人との関わりについて自分の考えを深められると判断し、題材として扱うこととした。

以下に学習指導案、授業時に使用したワークシート、授業後の評価の際に使用した評価表を示す。

② 題材『はせがわくんきらいや』より（長谷川集平作、復刊ドットコム）

ぼくは、はせがわくんが、きらいです。

はせがわくんと、いたら、おもしろくないです。

なにしてもへたやし、かっこわるいです。

出来ないことが多くて不器用な長谷川くん。「ぼく」を含めたクラスメイトは、それでも自分からはせがわくんに関わろうとするが、起こることはよくないことばかり。山登りに連れて行けば、雨の中長谷川くんをおんぶすることになり、親切にしようとトンボを取ってあげたら、あげくのはてに泣き始めてしまう。野球のときには、せっかくゆるい球を投げてもらっているのに、三振ばかりで「ぼく」のチームは一向に勝てる気配がしない。長谷川くんと一緒にいても、仲良くしようとしても、腹が立ったり、もどかしかったりするばかりで、何一つよいことがないようにみえる。しかし、一見ネガティブな言葉の裏には、長谷川くんのことを考えずにはいられない気持ちがじわじわと滲んでいる。

長谷川くんもっと早うに走ってみいな。

長谷川くん泣かんときいな。
長谷川くんわろうてみいな。
長谷川くんもっと太りいな。
長谷川くん、ごはん、ぎょうさん食べようか。
長谷川くんだいじょうぶか。長谷川くん。

夕暮れ時の帰り道、「ぼく」はやっぱり、
　長谷川くんなんかきらいや。
　大だいだいだいだあいきらい。
と心の中でつぶやく。そんな「ぼく」は自分の背中に、野球に負けてぼろぼろ涙を流す長谷川くんを、しっかりと背負って歩いていくのであった。

③ 学習指導案

主題名：「仲良くする」ってどういうことだろう？（理解・信頼）
題材名：『はせがわくんきらいや』（長谷川集平作、復刊ドットコム）
対象　：第四学年　三七名
本時のねらい：人と関わり合う難しさに気づきながらも、相手の立場を思い、仲を深めていこうとする心情を育てる。

本時の指導案

過程	予想される児童の活動	○指導上の留意点　☆評価
導入	一　自分の周りには、どんな友達がいるか思いをはせる。	○具体的にイメージを浮かべにくい場合は、「一緒にどんなことをするか」「何をしてくれるか」といった視点で思い浮かべる。
展開	二　『はせがわくんきらいや』の音読を聞き、話し合う。 ①絵本の〈登山の場面〉〈鉄棒の場面〉における、「ぼく」の気持ちを想像する。 ②具体的な場面で、自分だったらどうするか、自分の意見をワークシートに書いた後、対話を通して考える。 〈もう一度、週末に友達と登山に行くことになりました。長谷川くんは、「一緒に行きたい」と言っています。あなたならどうしますか？〉	○場面の読み取りで、なるべく多くの意見を聞くことで、「ぼく」の多様な心情を想像できるようにする。 ○四～五人のグループ（生活班）で、沢山の理由を考えることを目標に話し合うことで、自分と異なる考え方や視点を得て、自分を見つめ直せるようにする。 ☆自分だったらどうするか、立場を決めて、理由と共に記述することができているか（ワークシート）。 ○多様な考えに触れるため、いくつかのグループに意見を聞き、全体で共有する（板書）。
まとめ	三　教師の説話を聞き、他の人の考えも振り返って、あらためて自分の意見を見つめ直す。	☆自分と異なる考えもふまえた上で、自分がどのように相手と関わるかを、記述することができているか（ワークシート）。

「はせがわくんきらいや」

年　　組　名前

◎あなたはもう一度，友達と登山に行く約束をしました。長谷川くんもまたいっしょに行きたいと言っています。あなただったら，長谷川くんを登山に連れていきますか？

もう一度，長谷川くんと登山に　行く　・　行かない

理由

友達の考えを聞いて

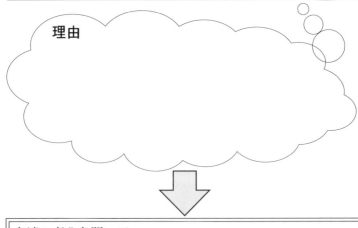

⑤ 記述例

本実践における、児童のワークシートへの記入内容を次に示す。児童は、「もし、自分がぼくだったら、長谷川くんといっしょに登山に行きますか」という問いに対し、「行く・行かない」を選択し、その理由を記述した。一回目の記述は、絵本の場面の読み取りを行った後に、記入されたものである。二回目の記述は、各グループでの話し合い、全体での振り返り及び、実践者による説話の後に、記入されたものである。なお、一回目に「行く」を選択した児童は一六人、「行かない」を選択した児童は二一人、二回目に「行く」を選択した児童は二九人、二回目に「行かない」を選択した児童は八人であった。

一回目の記述

「行く」

・かわいそうだし、「行ってあげない。」と言って、はせがわくんがまた泣きだしたらいやだから。しかも、それで、自分のせいになったらいやだから。
・いっしょに行く人がいいと言ったら、かわいそうなはせがわくんをつれていってあげたいから。もしも自分だったらつれていってほしいから（C児）。
・毒のミルクをのんだからやさしくしよう。これからはちょっとずつすすんでいこう。体が弱いから。
・きんトレになるしはせがわくんとともだちになってみたいから。

「行かない」

・前回のこともあるし、やっかいな事や迷わくになったりして、登山のじゃまになったりするから連れて行きたくない（A児）。

・他の友だちに、いろいろとめいわくをかけてしまいそうだから。つれていってなくとめんどくさいから（D児）。

・長谷川君がすぐつかれて、事故にあったり、ぼくがおんぶするなど楽しい思い出がだいなしになるから。それに、事故にあったらけががをしちゃうかもしれないから。↓これは長谷川くんのためでもある。

・はせがわくんは、体が不自由で、かわいそうだとは思うけれど、せっかくのたのしい登山に、はせがわくんをつれていったらおんぶしなければいけないし、たくさんのじかんをかけて登山に登らなければいけないから。

二回目の記述

「行く」

・最初は、自分がイヤだからといって行かないにしていましたが、よく考えるの（ママ）自分の考えで仲間外れにしているだけだからはせがわくんと、一緒に登山をして楽しい思い出をつくりたい。

・私は、「行く」にします。理由は、自分の気もちを、いっしょに行く友だちに言えば、りかいしてくれると思うから。

・もし、長谷川君が「行きたい！　行きたい！」と言って泣いてしまうなら、一緒に行ってあげてもいいと思います。もし長谷川君が事故にあっても、ぼくたちで何とかしたいです。

・私はやっぱり登山に行きます。行かないと思う人の意見もたくさん聞きました。でも、はせがわ君がかわいそうでたまりません。

・長谷川くんを自分の意しで、登山にさそってあげたらいいと思う。他人にどう思われても、よいことはしたほうがいいと思う。そして、長谷川くんのよい友だちでありよい理かい者にぼくはなった方がいいと思う（E児）。

「行かない」

・わたしは、「行く」と答えた人の意見をきいて、はせ川くんの身になってみると、いままで思っていた以上にはせ川くんのことがかわいそうだと思いました。でもやはり、はせ川くんのためだけに、自分がたのしみにしている登山を大なし（ママ）にするのは、少しいやだし、もったいないような気がしました（B児）。

・ぼくはやっぱり行けません。理由は、登山は自然のサバイバルで、はせがわくんのような子はあぶないし、生きてないてたら、まだ楽しむチャンスはあるけど、死んだらもうチャンスがないからです。

・長谷川くんと二回目は行かない。それは、一回ぐらい他の友だちといっしょに行きたいから。

だから三回目行くきかいがあったら、長谷川くんもつれていきたい。

・自分が「ぼく」だったら、行きたくないのはわかるけど、相手の事を思うと、やっぱり話し合ってから決めたらいいと思った。(納得するなら…)

6 記述の評価

五段階への分類例を挙げると次のようになる。

第一段階

第一段階は、自分の行為によって罰を受けることを恐れる内容が該当する。本実践では一段階に該当する記述は見られなかった。本実践の題材において予想される第一段階の記述には、「はせがわくんに優しくしないと先生に注意される」「友達を仲間外れにしたら親に怒られる」といった表現が挙げられる。

第二段階

第二段階は、自己の利益や不利益を第一に考える自己中心的な内容が該当する。自分の利益を優先している第一段階の例には、A児の記述が挙げられる。

・(A児/一回目/行かない)前回のこともあるし、やっかいな事や迷わくになったりして、登山のじゃまになったりするから連れて行きたくない。

A児の記述からは、はぜがわくんと登山にいくと足をひっぱられ、面倒をみることになることで、登山を楽しむことができないと予想していることが読み取れる。そのため、自分が不利益を被るという理由づけを行っている点で、A児の記述は第二段階に分類される。

同じく第二段階に該当するが、相互性が見られるものに、次のB児の記述がある。

・（B児／二回目／行かない）わたしは、「行く」と答えた人の意見をきいて、はせ川くんの身になってみると、いままで思っていた以上にはせ川くんのことがかわいそうだと思いました。でもやはり、はせ川くんのためだけに、自分がたのしみにしている登山を大なし（ママ）にするのは、少しいやだし、もったいないような気がしました。

B児の記述では、「自分がたのしみにしている登山を大なし」にされると、自己の利益を追求している点ではA児と類似している。しかし、この記述では「わたしは、「行く」と答えた人の意見をきいて、はせ川くんの身になってみると…（中略）…と思いました。」とあるように、対立意見の人について言及し、長谷川くんの気持ちを想像するに至っている。対立意見を受け止め、自分の考えを振り返り意見を述べている点で、B児の記述にはA児の記述とは異なり相互性が含まれているといえる。

第三段階

第三段階は、人の評価や目線を気にするといった、他者を志向している内容が該当する。周囲の人の意見を気にしている例には、C児、D児の記述が挙げられる。

・（C児／一回目／行く）いっしょに行く人がいいと言ったら、かわいそうなはせがわくんをつれていってあげたいから。もしも自分だったらつれていってほしいから。

・（D児／一回目／行かない）他の友だちに、いろいろとめいわくをかけてしまいそうだから。つれていってなくとめんどくさいから。

C児、D児は、それぞれ「行く」「行かない」と異なる立場をとっている。しかし、「いっしょに行く人がいいと言ったら」「他の友だちに、いろいろとめいわくをかけてしまいそうだから」といったように、周りの友達の意見や視点を優先させている点で、第三段階に分類できる。

第四段階

第四段階は、単純に決まりや慣習に従うことを重視している記述が該当する。

本実践では四段階に該当する記述は見られなかった。本実践の題材において予想される第四段階の記述には、「クラスメイトとは仲良くするべきだから、はせがわくんを登山に連れて行く。」「いっしょに行きたいと言われたら、仲間に入れてあげるべきだから連れて行く。」といった表現が挙げられる。

第五段階

第五段階は、自分と異なる立場の考えを多層的に受け止めた上で、自らの権威に基づいて判断しているものが該当する。自分とは異なる意見を踏まえた上で、自分自身の考えを表明している例にはE児の記述が挙げられる。

・(E児／二回目／行く) 長谷川くんを自分の意しで、登山にさそってあげたらいいと思う。他人にどう思われても、よいことはしたほうがいいと思う。そして、長谷川くんのよい友だちでありよい理かい者にぼくはなった方がいいと思う。

E児は、一回目の記述を行う際、机間指導中の実践者に「両方の立場から書いていいですか」とたずね、「行く」「行かない」それぞれの考えを記入していた。その時点では、E児にとってどちらの立場にするかは決定できなかったことがうかがえる。しかしながら、他のクラスメイトとの対話から様々な意見に触れたE児は、最終的に「長谷川くんを自分の意しで…」「他人にどう思われても」といったように、周りの人の意見が気になる気持ちを超えて、自らの意思で一緒に行くことが大切であると表現している。そして、「長谷川くんのよい友だちでありよい理かい者にぼくはなった方がいいと思う」という表現に見られるように、相手を理解しようとする意識には、相互理解への必要感と重視が見られる。このように、葛藤を意識する中で、はっきりと自分自身の価値にしたがって判断をし、相互理解に努めようとする点で、E児の記述は五段階に該当する。

7 実際の様子に見られる児童の変化

実践時における周りとの相互的なやりとりの中で、児童の変化が感じられた様子について述べる。本実践において、異なる意見の交流がはじまったのは、一回目のワークシート記入後のグループにおける対話の時間であった。グループごとの対話の場面では、児童が自分とは異なる考えに触れ、影響を受ける様子や、相手の意見をふまえた上で自分の意見を形成する様子が見られた。

例えば、グループAでは、メンバーの四人中、三人が「行かない」、一人が「行く」を選択していた。一人だけ「行く」を選んでいたF児は、周りが全員反対の意見を持つ中で、「同じ人間どうしだから」「はぜがわくんに頂上からの景色を見せてあげたい」という自分の考えを一貫して主張し続けていた。そのF児の話に、周りの児童はしっかりと耳を傾けている様子であった。その後、グループAでは、二回目のワークシート記入の際に、「行かない」から「行く」に意見を変えた児童や、クラス全体における話し合いの振り返りの際に、F児の考えを紹介しながら「はせがわくんと頂上についたときの喜びを味わいたい」と意見を述べる児童もいた。

一方で、グループBでは、「行かない」ことを主張し続けているG児がいた。G児は、グループでの対話において、「行く」を選んだ他の児童の話を聞き、二回目のワークシートでは次のように考えをまとめている。

「ぼくはやっぱり行けません。理由は、登山は自然のサバイバルで、はせがわくんのような子はあぶないし、生きててないてたら、まだ楽しむチャンスはあるけど、死んだらもうチャンスがないからです。」

G児は、他の児童が、「はせがわくんがかわいそう」「一緒に登山を楽しみたい」と意見を述べる中で、たとえはせがわくんを悲しませることになったとしても、命のリスクがある登山は避けるべきだと主張するに至っている。このことからは、G児が他の児童の意見を聞いた上で、同じ選択肢を選びながらも、その理由を一歩深く考えるようになったことがうかがえる。

以上のように、児童の間にどのような相互的なやりとりが見られ、児童に変化が生じていたかはグループによって具体的な様相は異なっていた。しかし、いずれにおいても、児童は様々な意見やその根底にある考えに触れることで、あらためて自分の選んだ意見やその理由について振り返り、相互性を踏まえて思考を深めていることがうかがえる。

⑧ 結論

子どもたちは、長谷川くんをかわいそうという、差別はいけないという、公式には、それが正義であるというような答え方にとどまることはなかった。子どもたちは、差別的な考え方を言ってはいけないというような、大人の目を意識することを初めはしていた。けれども、他の人と意見を言い交わす中で、長谷川くんの立場と自分の立場を見比べることによって、より良い判断は何かを逡巡しながら、探っていた。このような逡巡こそが、役割取得と相互理解というステップを踏むことによって成り立っていることが明らかになった。単純に、差別はいけない、かわいそうという言葉だけの発言だけで終わることなく、深く熟慮したプロセスを経験することの大切さを語っているのである。

事例4　ライシテ：政教分離と信教の自由（中学三年生）

国家と宗教

1　ストーリー

1　「仏の公立校スカーフ禁止へ」（毎日新聞、二〇〇三年一二月一八日、毎日新聞社提供）

フランスのシラク大統領は、国民向けの演説を行いイスラム教徒の女生徒が公立校でスカーフを着用することを禁止する法律の制定を求めた。また、ユダヤ教の帽子や、極端に大きな十字架のアクセサリーを身に着けることも禁ずるよう求めた。大統領の判断は「公教育から宗教色を排除する」という同国の原則に沿ったものだが、国内外の宗教界からの批判が出そうだ。

これを受け、仏議会は来年の施行をめどに法律を制定する。

仏は、20世紀初頭、政教分離の原則を確立した。だが最近、この原則に基づき一部の公立校がスカーフの着用の禁止を決めたところ、イスラム教徒の女生徒がこれを無視。昨年、パリ郊外の高校でスカーフを着用して登校し続けた女生徒に抗議して教員がストライキを実施した。また今年には女子高生のリラ・レビさん（18）とアルマさん（16）の姉妹がスカーフを脱ぐように求めた公立高校側の要請を拒否し退学処分になるなど社会問題化。大統領諮問委員会や議会は、宗教的な衣類や装身具の着用禁止を提言していた。

演説で、大統領は「スカーフなどの着用は政教分離に反する」と断言。「政教分離は、仏社会の統合を促進するもので、これを弱体化させてはならない」と主張した。一方で大統領は、小さな十字架のペンダントなどの「小物」の着用は認めた。最近の仏の世論調査では、国民の過半数が政府の立場を指示している。仏のイスラム教徒人口は約８％（約五〇〇万人）。

ロイター通信によると、イスラム社会から「自由権の侵害だ」（イラン議会議員）という批判や、「イスラム教をテロリズムと結びつけた結果、このような判断を行った」（インドネシアのイスラム教団体）など反発の声が出ている。

2　ランスの大聖堂

フランスでは、ランスの大聖堂については歴史的な大事件に関わってよく取り上げられる。たとえば、ポストモダンの旗手ジョルジュ・バタイユは、ジャンヌ・ダルクや第一次大戦、第二次大戦などその歴史的な事件の背景の生き証人として、それがかかえる意味を考えている。（『ランスの大聖堂』、筑摩学芸文庫、二〇〇五年）それは、当然フランスの授業でもよく取り上げられる。しかし、イスラム教徒が台頭する現代フランスにおいては、違う意味を持っている。

フランスは、ライシテ（政教分離の原則）を掲げる非宗教的な共和国である。ここでは、学校において宗教を教えることが、それを信じさせることに対して区別されなければならない。

自分自身キリスト教の信者である社会科のある先生は、葛藤を抱えている。それは、学校で宗教についてどう教えればよいのかという疑問である。先生は、生徒から次のように質問されることがあると言う。

「先生、神様はいるの。」

先生はキリスト教を信仰し、心のうちでは神を信じているのだが、次のように答える。

「自由に考えればいいのよ。」

先生は、ライシテの原則に照らした時、このような質問に対して神様はいます、と言うことはできないと考える。それは、自分の信仰を生徒に押し付けることになってしまうと考えるからである。そこで先生は、その質問をした生徒自身が自分の答えを持つようにと働きかける。それはライシテの原則に従い信仰心を自らの心の内に限定するという配慮である。

今、先生は授業の中で地元のカトリック教会であり、今や世界遺産でもあるランス大聖堂について教えている。生徒の一人でキリスト教カトリックを信仰するある少女はランス大聖堂がどんな存在であるか、調査のため街頭でのインタビューに臨む。

「大聖堂はどんな存在ですか。」

少女は真剣に質問を投げかけるのだが、町を歩く人々の答えは思い通りのものではない。

「歴史的建造物。」

「ゴシック芸術の傑作。」

なるほど街の人々にとっては、ランス大聖堂は脱宗教化された存在なのであろうか。しかし、少女は納得がいかないようで、気持ちを込めて質問を続ける。

「建物の中に何か感じますか？　神様とか。」

それでも街の人々は首を横に振るばかりであった。

教室での発表の日、少女は教室の同級生に向けて自分自身の思いを伝える。

「ランス大聖堂は、私にとって魂を感じる場所です。」

彼女はインタビューの結果に対し不満があるようである。

「多くの人がランス大聖堂について感じていることについて、私は残念だと思います。」

ランス大聖堂に宗教的な意義を感じない人はおかしい、この少女の発言に対して、他の生徒は反論する。

「信仰を感じない人は残念な人ではありません。それに神様を信じる人は実際に減っています。」

信仰は失われつつある。それはネガティブなことではない。この生徒に対して少女は問いかける。

「神様が世界を作ったのではないですか、神様がいないなら私たちが生きている意味はわからなくなってしまう。」

彼女は、信仰心を持とうとしない生徒に反論せずにはいられない。彼女にとってランス大聖堂は神様を感じる場所でなければならないのである。

この時、先生は少女に尋ねる。

「異なる考えを持つ人のことをどう考えるべきでしょうか。」

少女は口ごもる。

「その人達とどのように接して行くことが必要なのでしょうか。」

先生は何を伝えたいのであろうか。少女は先生をじっと見つめると、一言
「寛容ということ?」

という。

「そうです。他者を受け入れるということです。」

何故先生は少女の発言に介入したのだろうか。

授業後、少女は次のように感想を述べる。

「みんな全然違っていたけど、それは成長するために重要なこと、自分自身の心が豊かになるということだと思います。私は、これからも学び続けようと思います。」

授業は以上である。少女の学んだことはこうである。信仰心を大切にすることと、異なる考えを持つ人を理解しようと試みることは共に成り立つ。ライシテの理念は、このように異なる考えを持つ人々がともに生きる社会を目指し、フランスにおいて息づいているのである。

② 学習指導案

主題名:宗教と自由、ライシテについて
題材名:「フランスの公立学校スカーフ禁止へ」(毎日新聞)
対象:中等学校以上、資料を読むことができれば初等学校においても可能と考える。
本時のねらい:

本単元の狙いは政教分離という理念について自らのもつ意見を対象化することである。本時では、そのねらいについて、学校におけるスカーフ着用の是非という問題を通して考える。日本に生まれ、様々な宗教を世俗化した形で受容している私たちは、改めて宗教を教育と結びつけて考えたことに違和感を感じるのかもしれない。しかし、ヨーロッパにおいてそれは教育とは何かを問いかける上で重要な視点であり続けている。特定の信仰を絶対視する人々が異なる考えを持つ人々との間で争いになるという認識は、ヨーロッパにおける知的財産である。そのため、宗教をどう教えるのかということは、異なる考えを持つ人々とともに生活するためにはどうすれば良いか、という観点から考えられている。とりわけフランスではこの観点は、ライシテという制度として具体化されている。このフランスにおける議論の動向からは、ライシテが人々との相互交渉の上で成り立つ理念であるということを理解することができる。

本時の指導案

過程	授業の展開と児童の活動	指導上の留意点
導入	一、イスラム教徒の女性が何故スカーフを着用しているのかを知る。 ↓ディスカッションに向けて生徒の知識を整理する。	○写真を用いてスカーフを着用している女性を視覚的に提示する。
展開	二、新聞の記事を黙読し、要点をまとめその背景にある葛藤を理解する。 ↓フランス政府はイスラム教徒の女生徒に学校にスカーフを着けてくることを禁止した。そこには、公教育における政教分離の原則と信教の自由という価値の葛藤がある。 三、フランスではどのように宗教を学習しているのか知る。 四、ディスカッションを行い、自らの意見を発表する。 ↓スカーフを着けることを良いと考える立場、それを禁止と考える立場に分け、さらにジャッジを加えグループを設定する。	○スカーフが何故禁止されたのかについて明確に提示する。 ↓政教分離の原則に基づいて学校では宗教を象徴する標章を着用することは許されないということは最低限必要な知識となる。 ○宗教の学習では、異なる考え方に対する寛容が前提になっている。 ↓信仰を強要しないということが理解されねばならない。 ○全ての生徒が発言できるようグループ作りに気をかける。スカーフを禁止すべきとする立場が少なければ、恣意的に作成する必要がある。
まとめ	五、ワークシートに自らの意見を記述する。	○ワークシートを作成し、生徒一人ひとりに問いかけることで、生徒に結論を出させること。

3 ディベートの分析

〈ディベートの実施〉

本授業ではディベートを主な学習活動として行った。議論を行うことが生徒の考えを深めると考えたからである。ディベートではその経過の中で生徒の意見がどのように形成されたのかその様子を見とることができる。ここではその一場面を挙げ授業の様子を振り返ることとする。

ディベートの課題は、「フランスでは学校にスカーフを着けてくることは許可されるべきか、禁止されるべきか」と設定した。

この課題に対して、生徒には自分自身がフランスの方針を決定するという心持ちで自らの意見を述べるように求めた。

生徒はそれぞれフランス政府の立場、イスラム教徒の立場、そして司会進行兼ディベートの結果を判定するジャッジの立場に分かれて活動を行った。

ディベートは、順番に意見を述べる形式で、それぞれの立場ごとに二度発言の機会を与えた。最後にジャッジの判定を行う段取りとした。

〈スカーフを許可すべきであるとする立場からの議論〉

ディベートでは、スカーフを着けることを許可するべきであるとした立場から議論を開始した。

「フランスでは信教の自由があり、何を信じるのかは自由であるはず。だから、フランスは（イスラム教徒の）自由を侵そうとしている。」

このように、彼らは信教の自由という権利に焦点をあて、それが侵されていると問題点を挙げる。さらに、

「世界には多様な民族がいて、それを理解しないと争いが起きてしまう。フランス政府はイスラム教を理解しようとしていない。」

生徒はフランス政府の姿勢がどのような結果を招くのかという点を指摘する。具体的な出来事に言及することはできていないが、それは何らかの形での争いである。その争いはイスラム教に対する無理解が原因で起こる。そのためフランス政府が信教の自由を侵そうとしていることに気がつかないでいることは問題であるという。

次は、スカーフを着けてくることを許可するべきではないという立場からの反論である。

「例えば、同じ学校にキリスト教を信じている人がいたとして、そういう人達はスカーフとかを表には出していない。」

この生徒の発言から推測するに、生徒はスカーフをイスラム教への信仰心を標章するものとして考えている。そして、キリスト教徒にもおなじく信仰心を示す標章があるはずだと予想している。それは、おそらく生徒がビデオの内容を振り返り、キリスト教徒の少女は大聖堂に対する信仰心を自制しようと努めていたということに思い当たったのではないだろうか。

「教室の中だけのことだけど、(スカーフを着用した)ムスリムの人がいたときに、教室から出なさいと、キリスト教徒が怒り出しても仕方がない。」

この生徒の発言はキリスト教とイスラム教の生徒の間の公平性を指摘するものである。キリスト

教徒が我慢しているのだから、イスラム教徒も宗教的標章を表に出す事を我慢するべきであるという。詳しく見てみると「キリスト教徒が怒り出しても仕方がない」という部分は、少女の様子を念頭においた発言として考えることで納得できる。少女は大聖堂を非宗教的建造物として捉える見方があって良いことを認めるよう努力していたからである。また、冒頭の「教室の中だけのことだけど」と言う発言は、この議論が公共学校内とその外の区別を前提に行われなければならないということを、生徒が理解していることを示唆する。それはこの生徒がイスラム教徒の信教の自由が私的な領域においては認められるべきだということを理解し発言している、ということを示唆している。

〈スカーフを許可するべきでないとする立場からの議論〉

次のディスカッションはスカーフを許可するべきでないという立場から始まった。

この授業の始め、生徒は自らの意見を述べることができないでいた。授業後の回答を見る限り、生徒達の意見はスカーフを着けることを許可するべきであるというものが大勢を占めており、自分の真の意見と反対の意見を言う難しさに直面していたのかもしれない。

反対にスカーフを着けることを許可するべきであるという立場の生徒は新たな論点を提示した。それは「スカーフが禁止されるのは学校の中に限定されたことである」、という意見に対する反論である。

「キリスト教徒の人って日曜日にミサに行くじゃん。イスラム教徒はイスラム教徒で、スカーフを着けなきゃいけないって言うのを信じて今まで生きてきた人達。それをいきなり否定されるといくら学校であっても良くないことだなって思います。」

この発言はキリスト教徒とイスラム教徒では信仰の在り方が異なっていると指摘するものである。キリスト教徒に比べ、イスラム教の信仰の形態は政教分離の原則に対応しにくいものである。イスラム教徒にとっては人前でスカーフを外すことは信仰を否定することになってしまうのではないか、それはよいのか。スカーフについての問題は教室の中だけのことと割り切れない意味が込められていると言うのである。

以上がディベートの結果である。生徒たちが議論の過程で新たに論点を構成していることがわかる。次に、ジャッジの判断について取り上げたい。

〈ジャッジの判断〉

ジャッジの判断はスカーフを学校で着けることを許可するべきであるという立場である。その理由を聞くとその判断基準は、スカーフの着用が異なる宗教に対する寛容の姿勢と両立するのかどうかということにある。初めに生徒はフランス政府がイスラム教徒に対しての理解が不十分であるという発言を検討する。「他の国での出来事を考えるとイスラム教に対する理解が正しいかどうかわからなくなるけど、（フランスでは）宗教についての授業はやっている。」

生徒が、フランスがイスラム教に対して無理解であるという意見は間違いではないかと感じていることがわかる。先の社会科の先生が行っていた授業のような形で、フランスにはイスラム教を学ぼうとする姿勢があると考えたのである。

続けて、

「（イスラム教徒は）ただ禁止するだけでは自分の信じていることがなんでだめなのかよくわかんないと思う。学校でお互いの意見をだしてお互いが受け入れられるようになったら寛容という話も出来るし、それはお互いの文化とかを認めることが出来るということだと思う。私は互いに認め合って行けたらいいと思うから、スカーフはつけていてもいいのかなとは思います。」

この生徒は、フランスがイスラム教を理解しようとしていると考えているが、スカーフを禁止するという立場に立たない。フランスの人々がイスラム教を理解する態度を持っているからといって、イスラム教徒はスカーフを外すことに納得しないのではないか。生徒はこの不安を素直に告白している。

生徒はスカーフを着けてくることで、イスラム教徒の女生徒が学校の中で何故スカーフを着ける必要があるのか話し合う機会を与えることができる、と主張する。それは宗教に対する対話を促し、むしろ宗教に対する寛容の姿勢を強くすると予想しているからである。この自分たちの学級に対する信頼こそこの生徒の立論の根拠である。

この生徒は、ディスカッションを踏まえ、学校において異なる宗教に対して寛容であるにはどうすれば良いか、という形で課題自体を受け止め直したのである。

この生徒の発言を改めて相互性の観点からまとめれば次のようになる。この生徒がスカーフを許可すべき立場の発言から学んだことは、学校の問題に留まらずイスラム教の女生徒にとっては自らの信仰を否定されたように感じるのではないかという意見である。一方スカーフを禁止するべきとする立場からは、教室の中で不公平がおこるという意見である。そして生徒はそれぞれの意見に対して答えて行く。前者に対しては一度学校の中にイスラム教徒を受け入れるように提案する。そして、後者に対してはスカーフについて生徒同士で話し合いをするという解決策を提案することになったのである。

④ ワークシートの記述内容例、典型例

本時では、生徒に意見を言う機会を二度設けている。始めに、ディベートの中で、次に授業後のワークシートの記入時である。生徒の答えはそれぞれの機会で異なったものとなった。ワークシートを見てみると、本時で生徒がどのような点に困難を感じていたのか整理することが出来る。

例えば、ディベートの結果を見れば、スカーフを着けることを許可するべきであるとしたグループは五つのうち三つであり、スカーフを着けることを許可するべきでないと考えたグループは二つあったのである。一方、ワークシートではスカーフを禁止するべきであると考えた生徒はわずか一人であった。このことは、多くの生徒はディベート時に自らと異なる意見について主張していたということを指している。一方で、スカーフを外せと言う、フランスでは大勢の支持を集めた意見については、他国では理解しがたいのである。

このように生徒たちにとってフランス政府側の主張を理解することは難しいのである。日本に住んでいる私たちはスカーフが信仰を主張するものであるということが感覚的には理解できない。服装が何らかの価値葛藤の理由になるという実感ももっていなかった。この点について例えば次のよ

うな回答がある。次の二つの回答は共にスカーフを許可するべきとする点で立場は同じであるが両者の回答は異なる水準に基づいて成されている。両者の回答を分けているのは、フランス政府の主張を理解したかどうかである。

生徒1：「イスラム教の人々にとってスカーフを巻く事は当たり前の事なので、いきなりやめろと言われても出来る人はいない。なので、スカーフを禁止することはおかしい」

この生徒は、スカーフを禁止されることは慣習を否定されるということだと考えている。また、イスラム教徒の気持ちを自分自身の経験と照らし合わせ共感的に理解しようと試みている。

生徒2：「それぞれの宗教が互いをみとめ合い、そのような人々がいる事を理解し、うけ入れる事が大切だと思う。だから、国としてもスカーフを隠そうとするのではなく、表に出る事を認めることが必要。なのでスカーフを付ける事を禁止するのはおかしいと思う。」

この生徒は、イスラム教徒の気持ちを具体的に書いていないが、「それぞれの」という言葉からイスラム教徒の気持ちを踏まえた上で書かれたものであるとわかる。ここまでは、先ほどの生徒と同じである。両者の違いは、生徒がフランスの立場を考えるところから生まれてくる。生徒は、ライシテがスカーフを外すことそのものを目的としてはいないと考えている。このことについて理解しているかどうかが生徒1と2の意見の違いに帰結している。イスラム教徒とフランス政府の意見の葛藤を見つめることで生徒は、涵養の精神について考える。そしてそれはイスラム教とフランス政府の立場との間を仲裁することができる考えだからである。ではどうすれば両者を仲裁できるのか、と考えた生徒はスカーフを隠すのではなく堂々と表に出すことによってできると考えるに至るのである。

このように、同じ回答に至る場合でもその判断の理由は異なっている。初めの生徒の回答には、イスラム教徒に対する共感がある。しかし、それはイスラム教徒の味方をするという形であった。そこには、キリスト教徒などその他の人々に対する理解が欠けている。このような単純な同情は、この生徒の優しさを示してはいるが、その発言は新しく敵と味方を作ることになり、葛藤自体は解決されずに残ることになる。

後者の生徒は、イスラム教徒に対する共感とフランス政府の立場の両方を考慮に入れている。そのことから、お互いの主張に折り合いをつけることができないかという問いが生じ自分なりの解決策を考える。この生徒の場合はそれをライシテに内在する寛容の精神に見出し、それを再構成し、隠すことと表に出すことのどちらがお互いを受け入れることにつながるのか、という主張へとつなげている(この生徒に言わせれば、先の社会科の先生の授業において肝要なのは少女が信仰心を正直に打ち明けたことである。それがお互いを受け入れるという姿勢が重要であることを学ぶきっかけになっていたのである）。このように自律的な意見が生じるかどうかは、フランスとイスラム教徒の双方の主張に耳を傾ける態度があるかどうかで異なってくる。

前者の生徒は、イスラム教徒の気持ちを理解したがフランス政府の立場を切り捨ててしまった。後者の生徒は、フランス政府の立場を無視することができずお互いに納得できる答えを探そうとした。このような相互性を受け止めることが道徳的判断の発達を促すものとなるのだ。

⑤ 典型例の五段階尺度による分類

第一段階　権威への迎合、単純に誰かに叱られるからというような理由で罰を恐れる価値観。

本時では、第一段階の回答は生徒からは出てこなかった。したがって、回答例は筆者の予想である。

○反対すれば、自分自身も退学になってしまうかもしれない。

生徒はフランス政府の決定に対して、従順な姿勢を示している。それは、自らの処遇について決定権を持っているのはフランス政府だからという理由である。この段階においては、自らの置かれた状況だけが重要であり、その他の人の置かれた現状は全く考慮されない。

第二段階　褒美や恩などを期待する自己中心的な互恵主義的価値観。

○イスラム教徒は授業の邪魔になるので政府の決定に従って出て行ってほしい。

○イスラム教徒の人達は、怒ると何をするかわからないから言うことを聞いた方がいい。

第二段階の意見も同じく予想である。この段階においては、フランス政府の意見だけでなく、マイノリティであるイスラム教徒の意見をも考慮に入れた発言が行われる。しかし、それは単にイスラム教徒も自分自身に対し何らかの利害関係にあるということに気がついただけであり、彼らに対する共感や政教分離の理念と言ったものについての関心はない。依然として自分自身が置かれる状況だけが問題とされる。

第三段階 忠誠心、皆が見ているから、恥ずかしい、良い子と見られたいというような他者志向的価値観。かわいそうというだけで行為の成果の意味を考えない場合も。

○イスラム教徒は小さい頃から宗教を信じてきて、ずっとスカーフを被って過ごしてきた人達、いきなり外すように言うのはおかしいと思います。（イスラム教徒が不憫だ）

この段階においては、自分だけでなく他者の立場にたった発言が成される。この回答は、自分がどうなるのかではなく、イスラム教徒に対する同情が回答を導いている。しかし、この回答はキリスト教徒が同じ立場に置かれているということを踏まえたものではない。したがって、そのことに気がついた時どちらがよりかわいそうかというジレンマに陥る。状況依存的な段階である。

第四段階 法、慣習などこれまでの決まりや慣習に従うことだけを大事にする価値観。

○人がどのような思想を持っていようが習慣をもっていようが他人が口出しすべきでないはず。（信教の自由は不可侵である）

○フランスでは、人権を基礎とした法律の仕組みの中でいくつもの宗教が共存している。イスラム

教徒もまずその法律に従う必要がある。(フランスにおいて政教分離の原則は絶対である)

この段階においては、きまりに従って問題を解決しようとする姿勢が見られる。目の前の出来事を異なる場でも起こりうる一般的な問題として捉えようと試みる。状況に依存した以前の段階からは、新たに、状況に依存しない絶対的な基準を獲得しようとする視点が生じてくる。しかし、お互いの意見には妥協の余地がない。

第五段階　家族、友人、組織、社会など自己の役割を多層化したレベルで理解した上で自分が自分の権威に基づいて判断している。相互理解のレベルを判定する。

○(イスラム教徒は)ただ禁止するだけでは自分の信じていることがなんでだめなのかよくわかんないと思う。学校でお互いの意見をだしてお互いが受け入れられるようになったら寛容という話も出来るし、それはお互いの文化とかを認めることが出来るということだと思う。

この段階の判断は、この生徒の意見が代表的であるが、どのようにすれば異なる意見に納得できるかという基準に照らし合わせて行われる。イスラム教徒の立場、フランスの立場、それぞれの意見について理解し、お互いが納得できるように自らの意見を改めて考え直すことが求められるのである。そのためには、どのような価値が重要か考える必要がある。ここに挙げた生徒の場合はクラスでの話し合いであった。それはおそらく、このクラスの友達、つまり信頼という価値がこの生徒にとって重要であったということなのである。

⑥ 子どもの変化

本時では、子どもの変化を捉える視点は二点ある。それは、第一にイスラム教徒への共感である。そして、第二に政教分離の原則についての理解である。

第一の視点については、次のようなやり取りがある。

授業の導入において、イスラム教についての印象を尋ねた部分がある。イスラム教について「何か知っていることはある?」という形でアイスブレークの効果を期待した部分であった。しかし、イスラム教の印象は、「テロ?」という冗談が出てくるだけであった、生徒達は事件に関心を持っていなかったのである。

生徒たちのイスラム教に対する理解は、授業中にスカーフについての説明をしたこと、二度の資料の配布によって知識を得たこと、そして話し合い活動の中で自分たちがその立場を代弁したことによって次のように変わっている。

> **生徒**:「私は、学校に(イスラム教徒が)スカーフを着けて行く事に賛成です。なぜなら、宗教を信じる事は、人それぞれの自由だと思うからです。今まで、教えてこられて信じていた宗教を、学校に行ったら否定されてしまうことはすごく大変なことだし、生活が大きく変わってしまうと思います。イスラムの人たちにはとても悲しくつらいと思います。」

この生徒の回答からはイスラム教徒の置かれた状況に共感している様子がわかる。本当につらそうに涙を流して抗議をしているイスラム教徒の姿を見た生徒の中で、そのような、つらい様子に共感しなんとか助けてやりたいと思う気持ちが生まれ、イスラム教徒の立場への役割取得を促している。つまり、本時で生徒たちは自らの素朴な優しさに基づいて第一にイスラム教徒の視点を獲得し、自分自身の意見に組み入れるようになる。

本時において、第二の視点は第一の視点の後に獲得されている。生徒たちは自分たちの生活の中でスカーフのような衣服が宗教的な意味をもつということを考えたことはない。したがって、ライシテがスカーフを禁止するということにどのような意義があるのか経験に基づかない仮説によって理解しなければならない。本時では、この仮説的に理解することが出来るかどうかが、慣習的な水準から脱慣習的な水準へ移行する重要な分岐点となった。それは、本時ではまず、イスラム教徒の心情を想像してみる事、そして同じようにキリスト教徒の心情を想像してみる事である。この視点に気がついた子どもは、イスラム教徒だけでなくクラスの一員であるキリスト教徒との間の公平性の問題について考える事ができた。生徒は先のストーリーの2に示された少女と社会科の先生のやり取りの中でそのヒントを得たようである。この視点についての、生徒の意見は次のようなものである。

生徒：「例えば、同じ学校にキリスト教を信じている人がいたとして、そういう人達はスカーフとかを表には出していない。教室の中だけのことだけど、ムスリムの人がいたときに、教室から出なさいと、キリスト教徒が怒り出しても仕方がない」

この問題に気がついてこそ、生徒は自らの経験してきた世界を相対化し、直感的に、問題に対して自分自身ならと考えることができる。この生徒の場合は、スカーフがあるいはランス大聖堂が信仰を持つ人にとって持つ意味を、私たちが普段考えている事柄とは区別して考えることができるようになったということである。

ジャッジの生徒はさらに、一般のフランス人と同じ立場から、イスラム教徒の意見を考察している。

「(イスラム教徒は) ただ禁止するだけでは自分の信じていることがなんでだめなのかよくわかんないと思う。学校でお互いの意見をだしてお互いが受け入れられるようになったら寛容という話も出来るし、それはお互いの文化とかを認めることが出来るということだと思う。私は互いに認め合って行けたらいいと思うから、スカーフはつけていてもいいのかなとは思います。」

この「イスラム教徒はただ禁止されるだけでは」という発言は、生徒がイスラム教徒を説得しようとするのではなく、イスラム教徒の意見を代弁した生徒の考えを取り入れて自らの意見を再構築した事を示唆している。この相互性に基づく新しい葛藤への気づきが、生徒に自分らしい価値の発見を促している。生徒は、信頼という価値を提示している。それは「話せばわかる」という一見無策な意見であるが、この生徒は自分自身の所属する教室に確かにそのような信頼を感じているのである。この生徒は、話し合いの場所として学校を期待している。つまり、大人たちだけで考えるのではなく、問題の解決を少しは自分たち子どもにも期待してほしいということがこの生徒の回答の意図としてある。

この生徒が示したように、脱慣習的な水準においては、生徒は、イスラム教徒の立場とキリスト教徒の立場という一見相交わらない意見を理解しようと試みる。この授業では、資料によって生徒は変化に十分な知識を得て、話し合い活動の中でのやり取りの中で自分の考えを修正することを繰り返しこの段階に到達していることがわかる。

7 結論

本時では、信教の自由がぶつかる限界について、宗教とその世俗化を巡る葛藤場面を例題として問いかけた。私は、本時を通して生徒が目の前の人の立場に立って考えることの大切さに確信を持ってもらいたいと考えている。

日本では多くの人が相手の立場に立つことが大切であることに気がつきながらも、それを相手に合わせることであると思い込もうとしている。相手を思いやることを、私の行為が相手にとってためになるかどうかという一方向的視点に限定してしまっているのである。

それに対して、相手の立場に立つということが、私とあなたがお互いに理解し合うという関係を目指して行われる必要があることに気がつかなければならない。そこにはお互いに譲れないものがなければならない。お互いに理解し合うという関係は、私とあなたの双方がそれぞれに意見を持つことを認め、それを尊重し合うことによって初めて成り立つ関係である。

モラルジレンマという授業の在り方は、あなたならどうするという質問で自分の意見を持つことを要求する。そして、それをさらけ出す勇気を生徒に求めることでお互いの関係の在り方を見つめ直すきっかけを作ることができるのである。

私の授業において成功した点は一つである。生徒はディベートにおいて反対の立場の生徒の意見を尊重し、自分の立場を超えた結論を模索してくれた。イスラム教徒の立場で発言した生徒、またフランス政府の立場で発言した生徒も、お互いの意見を聞いて妥協案を探していた。そこには、人と話し合うことが自分自身の意見をも変えて行くという、対話のプロセスがあった。

次に挙げる点は、私自身予想できず授業を振り返る中で気がついた点である。それは、生徒が自分自身、そして学校の持つ力について自信を持っているということである。生徒によれば、スカーフによってクラスに問題が生じたとしても、それは私たちで解決出来るという。つまり、スカーフを着けていたイスラム教徒も、十字架を隠しているキリスト教徒も既にクラスの仲間であり、私たちは理解し合える関係にあるはずだということである。このような生徒の自信は、学校を外野的に見る人間には持ち得ない視点であり、先生が誇りに感ずるところであると思う。この点に気がつけたことは私にとって素晴らしい体験であった。

事例5娘たちをおいて出稼ぎに行くべきか？　それとも……

アフリカの看護師ドーマさんの苦悩

1　ねらい

①　ヒトを人として扱う地理教材

地理は歴史に比べて面白くないという評判をよく聞く。テレビには歴史を取り扱った番組が溢れているし、書店にも歴史上の人物の生き様が描かれた著作が並び、人気を博している。たしかに歴史の話には人間のドラマがあり、聞いているだけで面白い。

一方地理の授業というと人間生活は扱うものの、「南米に移民として渡った日系人」というように人間をマスとしてのヒトとして扱うことだけで、人格も感情もある人として扱われることは極めて少ない。地理の教科書にはウェゲナーと彼の義父であるケッペンが登場するが、彼らの業績が紹介されるだけであり、人となりや生き様は紙面の都合もあろうがほとんど書かれていない。

このように人を統計の数値としてのヒトとしてとらえているだけの地理の授業で良いのであろうか。

とはいえ、毎回の授業で人の心情に忖度するというのはやりすぎであろう。そこで学期に一回程度は人間をヒトではなく人として扱い、その人の気持ちに寄り添って考えてみるということが必要なのではないかと考えた。そのため取り上げる人物は匿名のAさんとして扱うのではなく、名前を提示し、フィクションではなくリアルな状況を提示することも、感情移入や教材の深みに不可欠なものだと考えた。

② 個と公のせめぎあい

個と公のどちらを優先すべきかは、議論の分かれるところである。そもそも同調圧力の高い日本の社会では、個より公を尊重することが美徳とされがちだ。また近年一部の政治家からも、現行憲法では個の権利が強すぎるため、公をもっと優先すべきであるといった声も漏れ聞こえ始めてきている。果たして「肥大化した」個を抑制すべきだという近年のこの流れをどうとらえるべきなのであろうか。そこで、選挙権の年齢が一八歳に引き下げられたこともあり、将来の有権者たちに個と公の関係を様々な角度からとらえ、自分なりの結論を出してほしいと考えた。

③ 外国人労働者の議論に欠ける視点

少子高齢化に伴う人手不足から、我が国ももっと外国人労働者を受け入れるべきだという意見がある。得てしてこの問題が語られる時は、外国人労働者はヒトとして語られることが多いのだが、彼らは母国の職場では優秀な人材であろうし、家庭に帰ればかけがえのない家族であるはずだ。だからこそ、外国人労働者をヒトという単なる労働力としてとらえるのではなく、人としてとらえることの重要性に気づかせたいと考えた。

④ 他者と協同して課題を解決する能力を養う授業

生徒たちが社会に出たときに真に必要となるのは「他者と協同して課題を解決していく力」なのではないだろうか。そこで他者と話し合う中で自分の考えをブラッシュアップできるアクティブ・ラーニング（筆者はアクティブ・ラーニング≒参加型学習ととらえている）を取り入れた。しかし一方では受験に不可欠な知識理解も強く求められるため、普段は講義形式の授業を行い、定期テスト後のかつて試験休みと呼ばれていた時期に年に三回ほど、このような授業を実践することとした。

学習指導要領との対応は、次の通りである。

地理Ａ（１）現代世界の特色と諸課題の地理的考察　ウ　地球的課題の地理的考察

地理Ｂ（２）現代世界の系統地理的考察　ウ　人口、都市・村落

2 本時の展開（50分）

本授業の展開は、以下の通りである。

	授業展開の視点と発問	生徒の活動	支援内容
導入５分	１　グループ決め（５分） ○同じ誕生日の人はいるかな、など教室の雰囲気を和らげる質問を適宜行う。	・筆記用具を持って、誕生日の早い人から順番に並ぶ。 ・誕生日順に六～七名のグループをつくり、話し合いできる給食時のような机配置にして座る。	・今日の授業は普段の授業スタイルと違うぞ、という期待を持たせたい。

展開42分	2　ストーリーの把握と問いかけ（7分） ○あなたがドーマさんだったら、出稼ぎに行きますか。それともアフリカに残りますか。	・ワークシートを読み合わせて、アフリカの看護師ドーマさんの状況を理解する。 ・自分の考えと、そのように考えた理由をワークシートに記入する。	・生徒が登場人物に感情移入できるよう、セリフの口調などを工夫する。 ・アフリカの現状を適宜補足説明する。
	3　グループでの意見交換（20分） ○人の意見を聞いて自分の意見を変える「乗り換え」は大歓迎である。	・グループで司会者を決め、メンバーが下した結論と、そのように判断した理由をそれぞれ発表する。 ・グループでの話し合いが、自分の意見にどのような影響があったかを記録する。	・ジャンケンで負けた人が司会になるということのないよう、司会者選びを支援する。
	4　クラス全体での意見交換（15分）	・グループの司会者は、クラス全体で共有すべきだと判断した意見とその理由を発表する。 ・他のグループの人たちの意見や理由を聞いて自分の意見にどのような影響があったのかを「気持ちグラフ」で記録する。	・出てきた意見やその理由を板書で整理する。 ・分かりにくい部分は適宜教員が要約する。
ふりかえり3分	5　ふりかえり（3分）	・グループやクラス全体での話し合いを通じて得た知見が、自分の考えにどのように影響したのかをふりかえり、それをワークシートにまとめる。	・展開が盛り上がった場合は、ワークシートの回収を昼休み、放課後に行う。

③　ワークシート

本授業では、以下の内容を記したＢ４判のワークシートを作成した。

＊次頁のワークシートは執筆者がまとめたものである。

【課題】　あなたがドーマさんだったら、イギリスに出稼ぎに行きますか？
それともアフリカに残りますか？

1　あなたの考え

どちらかに○をつけてください　　イギリスに行く　・　アフリカに残る
あなたがそのように決断した理由

2　グループやクラス全体での意見交換の場で、自分と異なる意見やものの見方はありましたか？　また、そのような意見やものの見方は、あなたの考え方や結論にどのような影響がありましたか？　Impact の度合いを左欄に記入して、その要旨を簡潔に書いてください。

Impact ◎○△	自分と異なる意見やものの見方	それがあなたの考え方や結論にどのような影響を与えましたか？

3　この授業でのあなたの気持ちの変化を以下の「気持ちグラフ」に記入してください。

	最初の考え	グループの話し合い後	クラスでの話し合い後	結論
イギリスに出稼ぎに行く				
わからない				
アフリカに残る				

4　この授業の感想を自由に書いてください。（不足したら裏面に続けて書いてください）

1年　　組　　　　番　　氏名

外国に出稼ぎに行くべきか？　それとも・・・。

【ドーマさんについて】

ドーマさんは 37 歳。夫と別れ 14 歳と 4 歳の娘二人を育てるシングルマザーです。現在アフリカにある中央病院で、集中治療室の看護師として忙しく働いています。彼女は子どものころから看護師になることを夢見てきましたが、実家が貧しかったため、国からの返還不要の奨学金を得て高校と看護学校に合計 7 年間通い、看護師の資格を取得し就職することができました。

【病院でのリスクと多忙化】

ドーマさんが働く首都の中央病院では、近年優秀な看護師が次々と給料の高いイギリスの病院に引き抜かれ、人手不足となっています。また、近年南アでは成人の HIV の感染率が 30% を超え、院内では防護措置は取っているものの、看護師は常に感染のリスクにさらされています。にもかかわらず賃金が安いため看護師不足は慢性化し、アフリカでは不足する看護師がなかなか補充されない状態が続いています。そのためただでさえ忙しい集中治療室は、人手不足から目が回るほど忙しくなってしまいました。

【出稼ぎ帰国者の豊かな生活を見て】

先日、ドーマさんの看護学校時代の友人が出稼ぎ先のイギリスから帰国し、高級住宅街にプール付の豪邸を購入しました。友人は「イギリスは HIV の感染リスクも少ないし、仕事もここよりは楽よ。それなのに給料が 5 倍なのだから、あなたも早くイギリスに行って稼いできた方がいいんじゃない？」と出稼ぎを強く勧めました。ドーマさんは、国から多額の奨学金をもらって看護師になったこと、そして自分が抜ければ集中治療室に残る同僚の看護師がますます多忙化し窮地に陥ってしまうこと。そしてなにより離れ離れになってしまう二人の娘のことを考えると出稼ぎには否定的でしたが、友人のプール付きの豪邸を見て、心が揺れ始めました。

【貧しい国の怒り】

アフリカでは、医師や看護師など国家の優秀な人材が次々とお金の力で先進国に引き抜かれています。このことに対してアフリカの指導者は「国家が育てた人材を、先進国がお金の力で奪って行くのは言語道断である。我が国は先進国の人材供給地ではない !!」と国会で演説し、国民から多くの支持を集めました。

【二人の娘の思い】

イギリスに 3 年間出稼ぎをすることで、豪邸を買えるほどの大金が得られるのは大きな魅力です。しかし出稼ぎ中は、二人の娘をアフリカの実家に預けていかなければなりません。14 歳の長女は「私は 3 年間我慢できるけど、4 歳の妹は甘えたい盛りでかわいそう。だから出稼ぎに行かないで」と訴えています。

4 実践の記録

(1) クラス毎の違い

この授業を実践した一年1、2、4、8組の「気持ちの変化」のグラフを分類したのが以下の【表1】である。

【表1】

生徒の気持ちの変化　最初の考え↓結論	1組	2組	4組	8組
1. 行く↓不変	8	1	11	12
2. 行く↓迷っている↓行く	10	11	6	5
3. 行く↓迷っている	2	0	0	2
4. 行く↓残る	2	3	0	0
5. 残る↓不変	0	6	2	0
6. 残る↓迷っている↓残る	10	6	3	2
7. 残る↓迷っている	0	2	4	2
8. 残る↓行く	0	4	4	14
9. 迷っている↓行く	2	3	6	2
10. 迷っている↓迷っている	2	1	1	0
11. 回答不明	1	1	2	1

同じプリントを用いて同じように授業をしても生徒たちから説得力のある意見が出されると、そ

のクラスはその影響を大きく受けているように感じられた。

1組では「娘の三年間は大人の三年間よりも大きい」という意見が出たときに、多くの生徒たちが「おお」という表情を見せた。そのためか、1組では「6．残る→迷っている→残る」というように、友人の話を聞いて心が揺らいだ生徒が一〇名もいたが、そのようなインパクトのある意見が出なかった8組ではわずかに2名に留まった。

また、8組では「8．残る→行く」が一四名とクラスの約1／3を占めたが、1組は対照的に0名である。8組では「イギリスの技術を持ち帰って将来のアフリカの仕事量を減らし、それで後進を育成する」、「娘の学費にする」というものがあり、この時も生徒が「おお」という表情を見せた。さらには、「出稼ぎで得たお金の何割かを国にあげたりしてアフリカの医療を向上させたり、後進の育成のために使う」という、筆者さえ想像しえなかった意見が出された時にはクラス全員が「すごい意見だ」という眼差しで発表者を見るという光景が見られた。

(2) 一年8組の授業実践における思考の段階の分析

この実践は四クラスで実践したが、その中でも多様な意見が出された一年8組の授業での生徒の発言とワークシートを用いて、分析を行った。

第一段階　物や権威にこだわる段階

↓　この段階は、本教材のテーマには含まれていない。

第二段階　仕返し、復習の段階

→　この段階は、本教材のテーマには含まれていない。

第三段階　人の目を気にするから行う段階

生徒A　「出稼ぎに行くと国から批判されたり、娘も学校でイジメにあったりするのではないか。」

生徒B　「（筆者加筆・出稼ぎに行くと）病院での同僚との関係がマズくなるから、出稼ぎから戻った時に人間関係が大変。」

人の目を気にするという明確な意見はこの二つだったが、「イギリスの最新の医療技術を導入したり、出稼ぎで稼いだ金で最新の治療器具を買って病院に戻れば同僚から疎まれない」という意見もあった。このような「人の目を気にする」という記述は少なかったが、グループでの話し合いに耳をそばだてると、同僚へのうしろめたさを口にしている生徒が一定数いたように思われた。

第四段階　法と秩序志向があるから行うという段階

生徒C　「一気にみんなイギリスに行くと母国が大変になるのでローテーションで行って、そのお金で整った病院を建て、看護師を安いお金で育成できるようになればよいのかなと思った。」

生徒D　「出稼ぎにいったらその収入の一部を後進育成のために寄付すべきだ。また、そのようなことを出稼ぎのルールにすれば、アフリカのためにもなるのではないか。」

出稼ぎで得た資金の一部を後進育成のために用いるというアイデアは斬新であり、下を向いていた生徒も一斉に顔をあげ、発表者を注視していた。この意見に対して筆者が「君たちが目指している私立大学も、創始者が後進の育成のために私財をなげうって作ったものが多いよね」と話したところ、感想文には書かれなかったが、後日生徒たちと何気ない話をしているときに、「こういった視点で私大を見たことがなかった」との感想を聞くことができた。

第五段階　相手との関係において、自分自身の良心に照らして納得をして行動する段階

生徒E「イギリスの医療技術を持ち帰り、アフリカの仕事量を減らし、後進を育成。」
生徒F「国のために稼いだ金を使う。」
生徒G「（出稼ぎに行っても）アフリカに恩返しができる。」

これら意見を、インパクト欄に◎と印した生徒Hの感想文は、「アフリカが組織的に看護師をイギリスに派遣する制度を作ればよい」とし、「そこで得た給料の三割を国に納め、かつ2年後進を育てることをしなければならない」と述べ、生徒Dの意見を取り入れながら自分の意見を深化させていた。

また、生徒Fは「私ははじめ、国のためを思って『アフリカに残る』ことを選んだけれど、イギリスに出稼ぎ≠留学することで、発展した技術を持ち帰ることができるのなら、国に恩返しができると思った」と出稼ぎという視点を留学という視点に転換できたことを述べていた。

生徒I「イギリスに行ったら娘（一四歳）がグレる。」
生徒J「娘の3年間は大人の三年間よりも大きい。」

生徒K 「将来娘たちの学費が必要だから行くべきだ。」

生徒Lは感想で「国のために尽くすとか、持ち帰った金をどうするのかとかじゃなくて、娘のために尽くすという時間が一番大切なのではないか。離れたところでどうやって連絡をとるのか、もしくは離れずにアフリカに残るのかということが論点なのではないかと思う。小さい娘たちのかけがえのない時間と出稼ぎに行っても稼げるかわからない不確実な未来と、どっちが大切なのかを考えることが重要なのではないかと思った」としていた。

また、残るという結論ではないが、娘を第一に考えるという点で生徒Mは、「お母さんが（病院で勤務中にＨＩＶに）かかってしまうと子供にも危険がある」だから出稼ぎに行って感染の確率を下げるべきだという意見もあった。

さらに生徒Nは、極めて大胆な「イギリスで現地人と結婚して娘を呼び寄せる」という意見を発表し、クラスの笑いを誘っていた。しかし受け狙いだけを考えていたようではなく、生徒Nは感想文で「移住することでドーマさん一家は幸せになれそう。だが、アフリカ規模で考えるとよくない」と個人の幸福追求ではなく、きちんとアフリカのことも気にかけているようであった。

ところがこの問題をまったく違う視点からとらえている生徒もいた。生徒Oはそもそも豪邸を得るために出稼ぎに行くということ自体を見つめ直し「生活が貧しいわけではない。今すぐ行く必要はない」と書いている。また4組の生徒Pは「ドーマさんは、看護師になるのが夢だったわけで、大金を稼ぐためだけの夢だったわけじゃないのだから、もし金に目がくらんでイギリスに行ってしまえば、ドーマさんが本来持っていた『労働意義』が失われてしまうのではないかと考えました」

というように、より根源的な部分まで考察している生徒もいた。

(3) ねらいの検証

生徒たちの感想文を見ながら、私が1ねらいで示した項目を検証してみよう。

「①ヒトを人として扱う地理教材」と「②個と公のせめぎあい」については、これまでの生徒たちの反応から、ある程度達成できたと判断できる。

しかし「③外国人労働者の議論に欠ける視点」については、このアフリカの事例についてはイギリスから見ると外国人労働者であるドーマさんの問題を、自身や子ども、そして職場の同僚という視点から多角的にとらえることができた。しかし、生徒たちが身近にいる外国人労働者に対しても同じように人としてとらえられているかについては、この時間では確認できなかった。しかし人口移動や地理の学習時に外国人労働者についての諸課題を扱う際、ドーマさんの事例を引き合いに出し、問題点等を比較させることで、課題についての考察を深めることができた。

また「④他者と協同して課題を解決する能力を養う授業」については十分に達成できたと考えている。何人かは感想文にも友人から学ぶことの重要性について触れている者がいたので、以下に紹介する。

生徒Q　「どっちにいっても利益・不利益があるというある意味究極の選択をすることで、普段使わない脳の部分を使えた気がした。また、自分では考えもつかなかった意見もでて、おもしろかったし、今回は実話だったので、世界にはこんなこともあるのかと感じ、もっとニュース、新聞を見なきゃと思った。」

生徒R「自分一人ではどうしても出てこない発想があり、それを人と相談することでみつけられたから、人と話し合って良い意見を見つけていくのは大切だと思った。

生徒S「今回の話し合いで、自分では思いつかなかった斬新なアイデアがいくつもあり、とても良いディスカッションができたと思う。娘を第一に考える人や、いちはやく裕福な暮らしを第一に考える人、国のことを第一に考える人、色んな人がいるから、様々な方向から物事を捉えることができるんだと、改めて感じた。」

生徒T「一人の脳の力では良策を見つけるのが難しいことを理解した。もっと多面的にものをみられるようにしたいと思う。」

今回のねらいには明記しなかったが、社会科の教師として物事を多角的にとらえること、そして他教科・他科目で得た知識を活用することを日々奨励してきたが、それについての感想を書いている生徒も散見した。

生徒U「他の班の意見を聞いたり、歴史の知識を利用したりしてちがった見方ができるんだな、と思った。地理は歴史も関係しているし、社会科はどれもつながっているんだなと思った。」

(4)　この授業の評価

アクティブ・ラーニングの授業をペーパーテストで評価することは極めて難しい。そこで筆者は約一〇年前に、生徒たちのワークシートをまとめたポートフォリオを用いて生徒たちの思考の深まりを軸に評価し、知識理解の問題を中心とした定期テストの評価点と合算して成績を出していた。

ポートフォリオによる評価は生徒たちの視野の広がりや、時間経過とともに思考が深まる様子が手に取るようにわかり、実に理想的な評価方法であった。しかし膨大な手間と時間がかかり、とても持続可能な方法ではないと考え現在では行っていない。そして正直に書くが、現在はこのようなスタイルの授業の評価そのものをやっていない。

筆者は前述のようにアクティブ・ラーニングの授業を年三回程度、学期末テストの後に行っている。これは、その学期に学んだ知識を活かして考えたり話し合いたいという理由もあるが、評価を回避したいという気持ちがあるのも正直なところだ。

このようなアクティブ・ラーニングの授業を行うと、生徒たちの表情から真剣に考えていることがよくわかるし、ワークシートには、友人の発言を聞いてもっと社会について関心を持とうと思った、ニュースを見ようと思ったという感想を多数みかける。筆者は、このように、社会への関心を内在化させたことだけで十分なのではないかと考えている。もっとも簡素にできる評価があるならば、積極的に取り入れていきたいとは考えている。

5 おわりに

自分の頭の中の知識を正確にアウトプットすること、出された課題を一人で効率よく処理することが「学力の高い生徒」とされてきた。しかし世の中では、頭の中の知識と検索で導き出された知識を組み合わせ、他の人たちと協力して課題を解決する力が求められるはずである。アクティブ・

ラーニングはそんな「真の学力」に気づかせてくれる学習手法である。

しかし万人がアクティブ・ラーニングの授業ができるかと問われると、筆者は疑問である。多くの先生方は受験勉強をかいくぐり、さらに教員採用試験を勝ち抜いてきたいわば「学力」エリートであり、経験してきた授業は合格に必要な、効率的な知識伝達方式であるトーク&チョークの講義形式がほとんどではなかったか。つまり経験したことのない授業をやれと言われても難しいと危惧しているのである。

現在これを読まれているということは、先生、あなたはとてもやる気のある先生です。だから少しずつでいいんです。いきなり完璧なものはできません。筆者だってまだ評価ができていないんです。でも実践してこんな文まで書いているんです。今年うまくいかなければ、来年バージョンアップしてより良いものをやればいいではないですか。とにかくやってみましょう。先生というキャラクターを活かした授業を行って、教室で生徒たちと良き学びの時間を共有しようではありませんか。

事例6　会社か家族か　組織と個人［現代社会（一）私たちの生きる社会］（公民・現代社会）

内部告発はどこまでできるか

授業実践

1　資料名：「Aさんの苦悩」（雪印牛肉偽装事件を参考に授業者作成）

Aさんは、食品加工系の会社X社に勤めるサラリーマンです。X社は決して大きな会社ではありません。さらに、近年の不況の影響で、経営もぎりぎりの状況です。しかし、Aさんは社員同士の仲が良いX社の雰囲気を気に入っており、入社以来十年間この会社のために働いてきました。Aさんには、妻と二人の子どもがおり、来年から上の子どもは中学生に、下の子どもは小学生になります。Aさんはつつましくも幸せな生活を送っていました。

ある日、勤務中のAさんが商品のデータを整理していると、データに不自然な点を見つけました。外国から輸入したはずの鶏肉が、国産と表示されていたのです。気になったAさんは、不自然なデータについて詳しく調べてみました。すると、誰かが意図的にデータを改ざんして、外国産の鶏肉を国産品として出荷していることがわかったのです。「これはお客様の信頼を裏切る行為だ」と思ったAさんは、調査で得た不正の証拠を手に、社長であるBさんのもとへ向かいました。

社長室に着いたAさんは、Bさんにこの状況を説明しました。

「商品のデータに不自然な点を見つけたため、詳しい調査を実施したところ、誰かがデータを改ざんし、外国産の鶏肉を国産品として出荷していることが発覚しました。この不正をなんとかしなければ、多くのお客様の信頼を裏切ることになります。すぐにこの事実を公表し、何らかの策を講じるべきだと思います。」

Aさんの話を聞いていたBさんの表情は、みるみる青ざめていきました。

Bさんの表情を見たAさんは、もしやと思い尋ねました。

「社長…。もしかして、社長がこの不正を主導していたのですか…？　あなたは犯罪に手を染めるような人ではない！　常にお客様を第一に考え、その上私たち社員にも優しく接してくださるような素晴らしい方です！　入社当初から、何度もご飯を食べに連れて行ってくれたり、私の家族にもいろいろな心配りをしてくださったりしたじゃないですか…。それなのになぜこんなことを…。」

するとBさんは、悲痛な面持ちのまま、ゆっくりと重い口を開きました。

「君も知っている通り、わが社は不況のあおりを受けて、経営状況はぎりぎりだ。わが社がなんとか倒産せずにいられるのは、大手企業のY社がウチの顧客だからだ。ある日、Y社のCさんがやってきて、データの改ざんを依頼された。もちろん最初は私も断ったよ。もし不正を受け入れたら、犯罪に手を染めることになるし、なによりお客様を裏切ることになる。だが、Y社はデータの改ざんに協力しなければ、ウチとの契約を打ち切り、別の会社と契約すると言ってきたんだ。Y社との契約がなくなったら、ウチは即倒産だ。そうなれば、私だけではなく、君たち社員全員、そして君たちの家族の生活が破綻しかねない。大切な社員を路頭に迷わせるわけにはいかないと思ったんだ。そして、私は悩んだ末に、Y社の要求を受け入れることにしたんだよ…。」

Bさんの話を黙って聞いていたAさんは、悲しそうな表情を浮かべながら言いました。

「社長のおっしゃることはよくわかります。そして、私たち社員を大切にしてくださっていることも。私自身、社長には今までたいへんお世話になっていますから…。しかし、どんな理由があろうとも、私はお客様を裏切るような行為を黙って見過ごせません。この事実は公表すべきです。」

「…君が不正の事実を公表すれば、わが社は確実に倒産する。君の行動で他の社員が職を失うことになったら、君はその責任をとれるのか？　私は社長として、社員の生活を守る義務がある。君にも守るべき家族がいるだろう…？　それに、外国産を国産と表示したからといって、お客様に甚大な被害が及ぶわけではない。品質に問題があるものを出荷しているのではないのだからね。それでも公表しようというのなら、私は君にしかるべき措置を取らせてもらう。できれば、十年間わが社に貢献してくれた君に、そんなことをしたくないんだ…。頼むからよく考え直してくれ。」

そう言われたAさんは、しばらくの間その場に黙って立ちつくしていました。

2　ねらい

集団と個人の在り方について、対話によって相手の心情を理解しようとし、あらゆる未来を予測しようとしたうえで、より高次の道徳的思考の中で判断する力を高める。

3 本時の展開（50分）

本授業の展開は、以下の通りである。

過程	授業展開の視点と発問 ◎主発問、○補助発問、☆説話	生徒の活動	支援と評価
導入7分	1．課題の背景（5分） ○大ヒットドラマ「半沢直樹」はどういう内容のドラマだろう。 ○「半沢直樹」のような話は、現実に存在するのだろうか。	・ドラマの内容を想像する。 ・最近、企業の不正に関する話題が多いことに着目する。	・ドラマの写真等の視覚的資料を提示し、興味を持たせる。 ・本授業で扱うテーマが現実的であることを理解させる。
	2．課題の設定（5分） ○資料の内容を全員で確認しよう。 ○Aさんはどうすればいいのだろう。 3．役割取得（7分） ○Bさんは、どんな気持ちで不正を受け入れたのだろう。	・授業者の話を聞き、資料の内容を確認する。 ・①【不正を公表すべき】、②【不正を公表すべきではない】の二つの立場から選び、理由を考える。	・生徒が資料の登場人物に感情移入できるように工夫する。（PPT・BGMの使用、セリフの口調） ・自己見解をワークシートに記入させる。

展開32分		
○Aさんは B さんの話を聞いてどんな気持ちになったのだろう。	・Bさんの人柄、X社の経営状況等から考える。 【予想される意見】 ・会社を守るためには仕方ないという気持ち。 ・大切な社員を守りたいという気持ち。 ・犯罪は許されないが、この状況では仕方ないという気持ち。 ・Bさんの葛藤を聞いたAさんの気持ちを考える。 【予想される意見】 ・尊敬していた社長が不正を主導していると知って、裏切られたような気持ちになった。 ・犯罪は許されないが、社員を守ろうとしている社長の気持ちもよくわかるので、なんとも言えない気持ち。	・Aさんを含めた登場人物の心情を理解させる。 ・出てきた意見を板書で整理する。
4．道徳的葛藤討議（15分） ○Aさんが①【不正を公表する】、②【不正を公表しない】のそれぞれを選択した場合、どのようなことが起こるだろうか。	・①【不正を公表する】、②【不正を公表しない】のそれぞれの立場の問題点を考える。	・Aさんの行動がもたらす問題を予測させることで、Aさんのジレンマを明確化する。

	5．道徳的価値判断 ◎Aさんはどうするべきなのだろう。Aさんの立場にたって考えてみよう。	・これまでの活動を踏まえて、最終的な価値判断をする。	・自己見解をワークシートに記入させる。
まとめ11分	6．コールバーグの道徳的価値発達段階論の理解と自己覚醒（10分） ☆コールバーグは、文化の違いがあっても人間には普遍的な道徳的価値の発達段階があると唱えた。コールバーグの理論では、道徳性には6つの発達段階があり、行為に至る動機づけによってどの段階にいるかが把握できるとされている。 ☆自身の動機づけから、自分がどの段階にいるのか確認し、より高次の段階に移行するために必要な考え方や視点を考えてみてほしい。	・授業者の話を聞き、自身の見解をコールバーグ理論に照らし合わせる。	・コールバーグの理論と自身の見解を照らし合わせ、高次の道徳的価値発達段階で重要とされる考え方や視点を得る。

④ ワークシート

本授業では、授業者が以下のワークシートを作成し、授業内に生徒に配布した。

※ワークシート（一七六頁）参照

⑤ 本授業における思考の段階の評価のポイント

以下に、本授業における思考の段階の評価のポイントを示す。各段階の記述例は、実際の生徒の記述を授業者が該当する段階に振り分けたものである。表からもわかるように、本授業では該当例のない思考の段階もみられる。これは、扱う題材の内容や生徒の発達段階によって生じるものと考えられる。つまり、必ずしもすべての段階に該当する例が存在する必要はない。

ここでは、第五段階の評価のポイントを中心に説明しておきたい。第五段階に相当するのは、相互理解に基づいた判断を行っているものである。たとえば、第五段階の「公表する」に挙げた例をみてみよう。

> これからずっとお客様を裏切ったと心に残して生きていくのは嫌だから。公表して職を失ったとしても、また頑張って仕事を見つける。

この例にある「公表して職を失ったとしても」という記述には、職を失うことによって家族にかかる迷惑を想定している様子がうかがえる。つまり、「消費者」と「家族」という複数の立場を理解したうえで（相互理解）、「消費者」を尊重したと考えられる。

次に、第五段階の「公表しない」に挙げた例をみてみよう。

> たしかに、お客様の信頼を裏切っていたということに対しては謝罪すべきだと思うけど、会社

のことも社員のことも家族のことも考えて、公表すべきではないと思う。

この例では、「消費者」「家族」「会社」の立場への言及がみられる。そして、「消費者」の信頼がいかに重要かを理解している（相互理解）。そのうえで、「家族」や「会社」の立場を尊重しており（役割取得）、第五段階の相互理解と合意に基づいた判断をしていると言えるだろう。

※思考の段階の評価分析表（一七四頁）参照

⑥ 子どもの変化、ビフォー・アフターの記録分析

最後に、第一次の判断と第二次の判断で思考のプロセスに変化がみられる生徒を抽出・分析し、具体的な変容の様子を示す。

【生徒A（岡崎くん）の場合】

生徒Aの①第一次・②第二次の判断と理由づけは、以下のとおりであった。

> **①公表する**：この不正を知っているのに公表しなかったら、この会社の社員としてBさんと同じ罪があることになるから。
>
> **②公表する**：とりあえず公表しておく。消費者のことを考えて、家族や社員には迷惑をかけるかもしれないけど、正義のためだから。その先のことは自分の力の限り解決する。

生徒Aが第一次・第二次に下した判断自体は、変化していない。しかし、第二次における理由づけでは、「消費者」「家族」「他の社員」の視点が登場しており、判断を下すまでに、様々な人の立場にたって思考を働かせた様子がうかがえる（相互理解）。また、「消費者のことを考えて」という文言から、生徒Aが会社と消費者の間の信頼関係を重視するようになったと考えられる。したがって、生徒Aの思考の段階は、最終的に第五段階に変容した。

【生徒B（高橋くん）の場合】

生徒Bは、①第一次・②第二次に以下のような判断と理由づけを行った。

> **①公表する**：公表すれば、会社が倒産するとしても、客の信頼を裏切ってはならない。他に解決策がないか考えるべき。
>
> **②公表しない**：世間一般で言えば、公表すべきであるが、現実をみると、公表すれば倒産してしまい、自分だけでなく、他の社員まで、生活が出来なくなる。だとしたら、一時の感情に身をまかせるよりも、公表しないで倒産を避けるべきである。

生徒Bは、第一次の判断で「消費者」の視点のみを挙げていた。しかし、第二次の判断では、「他の社員」の視点にも言及している（相互理解）。そして、不正を秘匿することが悪いことであるという認識を持ちながらも、「他の社員」の生活を尊重しているのである（役割取得）。以上の点から、生徒Bの思考の段階は第五段階に変容した。

7 結論

この問題は、社会正義か会社のためなら正義も捨てるかという単純な二者択一問題ではない。会社への忠誠心は、常に社会正義に反するというものでもない。また、家族を思う気持ちは、社会正義に反するというものでもない。けれども、Aさんは、簡単には、決断できないジレンマに陥っている。このような現実の文脈の中で、自分がAさんだったら単純に社会正義を貫けるだろうか。社会的に重要な価値とは、なんであろうか。公式に表明する倫理的価値と本当に重要な倫理的な価値とは、私たちの個人的な生活世界からは、乖離したものなのだろうか。

この問題は、まさにこの矛盾を突いて私たちの正面に立ちはだかっている。それぞれの条件を綿密に検討し、その一つひとつを精査し、そして、自分がいずれを大切にするのか、それがどのような意味を持っているのかを自覚しながら、選択を迫られているのである。

思考の段階の評価分析表

	公表する	公表しない
〈第一段階〉Aさんが受ける罰を基準に判断している	該当例なし	該当例なし

〈第二段階〉Ａさん個人の利益を基準に判断している	
もし公表しないでバレたときには、不正を公表したときよりもひどい状況になると思うので、自ら公表して、少しでも負担を下げた方がいいかもしれない。	Ａさんは不正を公表して、何も得ずに会社を去っていくのではなく、公表せずに次の会社を探し、退社時のお金だけもらって、新しくやり直す。
〈第三段階〉家族や他の社員から受ける評価を基準に判断している	
バレた時に、社員になんで知っているのに言わなかったんだと言われるから。	もし不正を公表したら、他の社員から「お前のせいで生活が変わってしまった」と思われてしまうから。
〈第四段階〉法律や社会秩序を基準に判断している	
いかなる状況でも犯罪に手を染めることは許されないから。	該当例なし
〈第五段階〉相互理解と合意に基づいて判断している	
これからずっとお客様を裏切ったと心に残して生きていくのは嫌だから。公表して職を失ったとしても、また頑張って仕事を見つける。	たしかに、お客様の信頼を裏切っていたということに対しては謝罪すべきだと思うけど、会社のことも社員のことも家族のことも考えて、公表すべきではないと思う。

ワークシート

2月17日授業「Aさんの苦悩」

年　　組　　氏名

1．次の文章を読みましょう。

＊冒頭のドラマ　繰り返しのため省略

2．Aさんはどうするべきだと思いますか。①不正を公表すべき／②不正を公表すべきではない、のどちらかを選び、その理由を書きましょう。

○どちらかを選び、丸で囲みましょう。

①不正を公表すべき	②不正を公表すべきではない

○①または②を選んだ理由を書きましょう。

3．Aさんはどうすべきだと思いますか。Aさんの立場にたって考えましょう。

事例7　あなたはパンをぬすみますか（公民・現代社会）

通信制高等学校生の居場所と学習

1　はじめに

文部科学省（以下、文科省）の学習指導要領では、現代社会の教育目標を「良き公民の育成」としている。良き公民の育成が良い社会への実現に欠かせないからであろう。そもそも「良い社会とは何か」という問いは、これまで数多くの識者や人々によって考えられてきた。またこの問いに向き合ってきた識者や人々の置かれた、時代背景、状況も様々である。この問いは、古代ギリシャ哲学者より端を発し、そして現代に至るまで、様々なかたちで人々の中で取り扱われてきた。こうしたことからも「良い社会とは何か」という問いは古くて新しいものであるといえる。

しかしながら、現代日本の現状は混迷を極めている。特に教育現場においても、いじめ、非行、不登校をはじめとした種々の教育問題は無くなるどころか、それぞれの教育問題は、背景も要因も複雑に絡んでおり、日を追うごとに混迷を極めている。一方で、政府や文科省の発令する教育政策によって、少しでも、解決に繋がるような兆しを、国民一人ひとりが感じているとは言い難い。これは学校現場を支える教員にとっても同様であろう。さらに、この兆しの有無が、教員が一人の実践家としての誇りと自信を大きく裏付ける、重大要素であるともいえよう。

さて、筆者は以前、社会科の教員として、A通信制高等学校（以下A高校）に在籍する生徒達に日々向き合ってきた。現在、通信制高等学校に在籍する生徒は多くいるが、（自身が加害者、被害者を問わず経験した）いじめや学校生活に居場所を見いだすことができなかったり、何らかの精神疾患を抱えたことによって生ずる不登校、そして非行を経験した子ども達である。他にも、発達障害や学習障害を抱えて、そもそも全日制高等学校への進学が難しかった等、彼らの置かれた背景は、枚挙にいとまが無い。さらに生徒の背景のみならず、彼らの有する、経済資本、文化資本、そして社会関係資本の程度も多岐にわたり、まさに多様な生徒と日々向き合ってきた(1)。

こうした職務を担う教員として、日々感じてきたことは次の二点である。まず一点目は、卒業後、一青年として自立して欲しいという願いである。そして、二点目は、一点目を実現させるための「生徒指導」のあり方の模索である。先述した通り、生徒一人ひとりは様々な背景を有しながら、当校にやってくる。一度、日本社会が引いたレールである教育制度から、如何なる理由であれ脱落した彼らに待ち受けるのは、キャリアを積み重ねていく中で他者から見られる「逸脱者」という烙印であろう。ゆえに、社会で待ち受ける厳しい状況にも耐え得ることができるような、生徒指導および育成が必要不可欠といえる。

生徒を想う時、筆者のみならずほとんどの良識ある教員ならば、それを表に出すにせよ、しまいこむにせよ、A高校や通信制高等学校全体の教育のあり方について、葛藤し続けるであろう。この2点を克服するために、生徒達に必要な授業こそ、道徳の時間ではないだろうか。

しかしながら、多くの通信制高等学校は在籍生徒に主として、自宅でレポートを作成し、それを提出することを義務付けており、それによって高等学校の卒業を認めるという特色を有する。カリキュラムの中に、スクーリング[(2)]は課されているものの、レポート作成が主であることから、教科指導に限定されることがほとんどである。少なくとも筆者が勤務をしていたA高校のカリキュラムには道徳の時間は設定されていない。これでは教員として筆者の感じる先の二点の達成は、困難を極める。こうしたA高校の現状を受け、「卒業後、一青年として自立する」ことを目的とした授業を、道徳の時間無しで実施するのにはどのようにすれば良いか、葛藤を強いられてきた[(3)]。

一方で、社会科の中でも筆者は、公民分野を専門とする教員である。社会科という科目は、教員側の指導によっては、歴史的・社会的重要事項の暗記を強いがちになる。しかし、A高校のスクーリングは教員の裁量に委ねられており、テーマも、授業内容も教員の裁量で、自由に設定することができる。そのため筆者は、現代社会の教科目標でもある「良き公民の育成」に基づきながら道徳分野とも関わるテーマについて考えてもらおうとした。このテーマが本時で扱われた、「あなたはパンを盗みますか」であり、この問いを生徒一人ひとりに考えてもらおうとした。

以上、本論文の目的は、通信制高等学校に在籍する生徒に、「あなたはパンを盗みますか」という問いについて考えさせたうえで、どのように考え、気づきが与えられ、答えを自分なりに導き出すのか、その様子を実践報告することにある。またその生徒の様子は、筆者が評価し、検討・分析ならびに考察を加えることにする。

２ A高校の概要と、スクーリングの展開および指導案

A高校は、本部は関東圏に設置されているが、通信制という特色ゆえ全国各地に学習センター(4)を有する。筆者は関東圏外の学習センターに派遣され、ここでは一年次から三年次まで三〇〇人前後の生徒達が、在籍している。

A高校のスクーリングは、1コマ50分であり、担当教員の用意するB４一枚のスクーリングシートを生徒に配付するところから始まる。スクーリングシートの構成および展開は、担当教員の裁量に任されている。教員が板書した内容を、そのまま書き写させる方式や、穴埋め形式や、スクーリングを通して感じた感想を記述させる方式等様々である。

今回筆者が担当した現代社会というスクーリングでは、対象学年が二年次から三年次の合同、計四二名で行われた(5)。

筆者は、基本的にB４一枚を二つに分ける。左半分は、板書した内容を生徒に書かせ、右半分は、生徒それぞれがスクーリングを通して感じたことを記述させている。評価も担当教員の裁量に基本的には委ねられており、A、B、Cというかたちで評価を加える。また評価できない内容については、「不認定」として別途指定された日時に課題に取り組むか、課題に取り組まなかった場合は、最悪の場合進級および卒業ができない仕組みとなっている(6)。

今回、筆者が実施した「あなたはパンを盗みますか」という現代社会の授業では、道徳的要素を取り入れたといえど、一回限りの授業である。つまり全日制高等学校のように、継続的な現代社会の授業ができないところに限界がある。

この限界を少しでも克服するため、通例筆者の作成するスクーリングシートの構成とは異なるものとした。それは、二題にわたる設問を別途資料として生徒に与え、スクーリングシートの左半分は指定された箇所にそれぞれ記述させる。さらにその内容について生徒を指名し、口頭で発表させた。最後にスクーリングの総括として、感じたことを設問３（一九三頁）として、右半分に記述させる形式を採用し、自分と向き合いそして他の生徒の意見に耳を傾けることができるように工夫した。

〈指導案〉

現代社会学習指導案

学校名：A高等学校（通信制）
授業者：小山　貴博

指導日時・教室　平成二六年一〇月三日（金）２限目
対象生徒・集団　現代社会履修者　四二人
科　目　名　現代社会
使用教科書　現代社会（出版社名　東京書籍）

1　題材名
「あなたはパンをぬすみますか」

2　単元（題材）の目標

①　混迷を極める現代の日本社会に求められる生きる力、そのための道徳心の涵養《かんよう》。

②　道徳の時間が設定されていない中で、社会を生きる構成員として、どのように生きていくべきか考えさせる機会にする。

3　指導に当たって

(1)　生徒観

通信制高校に在籍する生徒を対象としている関係上、多学年にわたって授業が構成されている。また生徒の背景も多岐にわたるので、それぞれの背景に配慮をしながら授業を展開することが求められる。

(2)　題材観

「あなたはパンを盗みますか」というのをテーマに、法律の厳しいA国では盗むのか、否か。反対に法律がほとんど無い自由の国であるB国では盗むのか否かという設問を中心に構成される。

この背景には、A高校には、道徳の時間が設定されていない。そのため文科省が規定している現代社会の学習目標である「良き公民の育成」という要素を持ちながらも、生徒の道徳観を涵養できる点に留意した。

(3)　指導観

授業者として、本時の展開に沿いながら、設問について生徒一人ひとりに考えさせ、発言させたり、記述させたりしている。一方で、友人の発表を通じて、生徒一人ひとりが気づきや発見ができるように、授業者の考えを授業内で伝えることを極力回避した。

4　単元（題材）の指導計画（総時数1時間）

通信制高校のカリキュラム上、前期に一時間、後期に一時間現代社会のスクーリングが設定される。そのため一時間での指導計画となる。

5　本時の指導と評価の計画

(1)　本時のねらい

①　「あなたはパンを盗みますか」という問いを通して、社会は自分のみならず周りとのつながりがあることを気づかせる。

②　授業を通して、良い社会を築きあげるためには、自分はどのように行動しなければならないか、道徳心の涵養の一歩になるようにさせる。

(2)　準備・資料等　スクーリングシートの他に、資料としてプリントを配付する。

(3) 本時の展開

時間	学習内容	生徒の学習活動	教師の指導・留意点	【観点】（評価方法）	資料
導入	Q1 今日の授業内容を資料をもとに提示。 Q2 それぞれの状況下で、自分はパンを盗むか否か、どう思うか。	S1 資料が手元にあるか確認。 S2 資料をみながら、漠然と自分はパンを盗むか否か考える。	出席者の確認（欠席者がいる場合には、早急に担任に報告し、担任は電話連絡しなければならないため。）	関心・意欲・態度	
	Q3 資料の設問1（一八六頁）を読み取り、法律の厳しいA国という仮想国の国民であることを想定する。設問1をもとに、自分は「パンを食べないと餓死してしまう」状況であることを理解させ、その中でA国の国民としてパンを盗むか否か、考えさせる。その後、スクーリングシートに記述させ、口頭発表させる。	S3 ①法律の厳しいA国でパンを盗むか否か、考え、スクーリングシートに記述し、自分の言葉で結果と、理由を述べる。	①机間巡視、何をすれば良いか、迷っている生徒には、この資料が何を求めているか助言する（質問内容そのものを理解できないほどリテラシー能力に欠ける生徒への配慮）。	関心・意欲・態度	設問1

展開		②発表しない生徒も他の生徒の発言を聞いて、自分の周りには様々な意見を持つ人が存在することに気づく。	②口頭発表の際には指名する生徒に留意する。例えば、転学してきたばかりの生徒や、教員から指名されること自体恐怖に感じる生徒がいることも把握する。	関心・意欲・態度	設問1 設問2
	Q4 設問2（一九〇頁）を読み取り、法律の存在しない自由なB国という仮想国の国民であることを想定する。A国の時と同様に「パンを食べないと餓死してしまう」状況であることを理解させ、その中でA国の国民としてパンを盗むか否か、考えさせる。その後、スクーリングシートに記述させ、口頭発表させる。	**S4** ①法律の存在しないB国でパンを盗むか否か、考え、自分の言葉で結果と、理由について記述ならびに述べる。この際、先のA国の時と自分の意見の変容があるかどうか考える。 ②発表しない生徒も国が変わることにより意見がどのように自分の中で変わるか、また発表している生徒が変わっているのか、知る。	①机間巡視、迷っている生徒への声がけは先ほどと同様に実施する。またA国で「パンを盗む」と答えた生徒がB国ではどうするか。反対にA国で「パンを盗まない」とした生徒はB国ではどうか。回答の変化にも留意し、必要を感じた場合は再指名する。		

終結	Q5 設問3（一九三頁）として、これまで検討および、考察してきた活動を通して、今度は仮想国を抜きに、総括として、最終的にパンを盗むのかどうか、記述させる。	A5 スクーリングシートに記入し、終了となる。	生徒達が、しっかり記述に取り組んでいるか、私語等を行わないように、目を配る。	関心・意欲・態度	設問3

③ 法律の厳しい国における道徳心

現代社会のスクーリングがはじまったのは午前一一時。生徒達は、必ずこの時間までに着席をしていなければならず、遅刻は一分たりとも認められない[7]。生徒の出席を確認した後、諸注意[8]を行いスクーリングシートの配布が行われる。生徒達にまず設問1を見るように指示し、考えさせる。その後、授業者である筆者と生徒達のやりとりがはじまる。ここで、設問を見るように指示をする。

設問1

Aという国があります。あなたはその国の国民です。A国はとても法律が厳しく、モノを盗んだだけでも死刑になってしまいます。また、街中の至るところに、監視カメラが設置されており、家の外に出たら、レストラン、デパートなど、逐一あなたの行動はそのカメラによって監視され、その映像は国家が管理をしています。そのおかげで、A国は、犯罪発生率が他国と比べて、驚くほど低いです。

ある日、あなたはとてもお腹をすかせていました。もしかすると餓死をするかもしれません。目の前にはパン屋さんがあり、どれも美味しそうなパンばかりです。でもあなたにはパンを買うお金がありません。そして、パンを盗んでしまったら、あなたはいともたやすく監視カメラによって見つかり、即死刑になります。

あなたは、パンを盗みますか。それとも、餓死してしまうのを覚悟して、空腹に耐えますか。どちらか選び、選んだ理由も書いてください。

この設問1について、生徒達は私語をすることもなくしっかり熟読していた。制限時間を5分程度に設定し、ペンを走らせる音が聞こえてくる。その間、筆者は机間巡視を実施し、ペンが止まっている生徒がいないか確認して回る[9]。制限時間終了の合図とともに、生徒に口頭で発表をさせる。

(1) パンを盗むと答えた生徒

A1（男）：僕はパンを盗む。パンを食べなければ、その場で、餓死しちゃう。いずれ、死刑になるにしても、その場は生き残ることができるならまあいいかなと。

A2（女）：パンを盗みます。さっきのA1君と同じ意見だけど、どうせ死んでしまうならば、死刑になるまで生き残ることができます。仮に即死刑といえども、A国は法律が整備されてのことだから、裁判があって、その後、死刑になると思います。その期間がどれくらいか分からないけれど、法治国家であれば、最低限の衣食住は与えられるはずだし、であれば餓死することも無いですし。

(2) パンを盗まないと応えた生徒

A3(男)：僕はパンを盗まないね。どうせ、死ぬのならば早い方が良いっす。死刑だって、どんな死刑の仕方かわからないじゃないですかぁ？　首吊りか、電気ショックか分からないけど、ネットとかでテロとかやっている国の死刑の動画を見たことあるんだけど、周りの人たちが石を投げて殺すんですよ？？　周りにバカにされながら、死ぬの耐えられないっすわ。自分にも、恥くらいあります。それに、じりじり殺されるのは、苦しい時間が長いということじゃん？　それだったら、いさぎよく、餓死を選びますね。太く短く！　これがオレのポリシーだ！

A4(女)：(パンを)盗みません。やはり法律で決められていることは、守らなければならないと思います。たとえ、餓死をしたとしても、その方が後悔をしないと思うんです。だって、決められたことが守れないからA国では死刑になるんですよ？　そんな人間として死刑になるくらいなら、自分は餓死を選びます。

パンを盗むと回答した生徒のうち、A1は三年生であるが進路を決めかねており、特段学習に前向きな生徒でもない。一方で二年生であるが、Ａ２は大学進学を考えており、日々のレポート提出に加え、スクーリングの出席も遅刻することなく、成績も優秀ないわゆる「模範生」である。つまりパンを盗むという回答をする生徒はそれぞれがもつ背景が異なるとしても、「死を遅くすることができる」という点で一致している。

より具体性と根拠をもった回答をしたのはＡ２であるが、日々身の回りで起きている出来事についてしっかり考え、行動していることから、このような回答になったと考えられる。

パンを盗まないと回答した生徒では、Ａ３は、三年生でどちらかというと、学習に意欲的では無く、前籍校では、運動部の強化や資格取得を目指す校風の中で育ってきた。服装について、Ａ高校は自由であるが、流行の服装を常に気にかけ、サングラスをしながら登校する。Ａ高校に転学後も問題行動が目立つ生徒の一人でもあり、自尊心が汚されることを嫌う。また自尊心が汚されたと本人が感じると、教員であれ、同級生であれ、反発、反抗を繰り返してきた。

一方でＡ４は、Ａ高校の校則をしっかり守る三年生の生徒である。将来は就職を考えていることもあり、社会人として自分はどのようにあるべきか、考えながら就職活動を主体的に行っている生徒である。そのため、社会人として、国家の決めた法律について従うと答えている。Ａ３の回答は、先のパンを盗むと答えた生徒とは反対に「恥を受けるならば、死期を早める」としている。この内容自体は、パンを盗む生徒と同様に、自分の死期を最重要視している。

そして、Ａ４は社会人としての自分のあり方として、法律やきまりに従うことを重要視している。

④ 法律の厳しくない国における道徳心

設問2

Bという国があります。あなたはその国の国民です。Bという国は世界の中でとてつもなく犯罪率が高く、治安が悪いです。夜も一人で出歩ける状況ではありません。ただ、Bという国は、犯罪率は高いものの、「犯罪をおかしてはならない」と考える人々が全世界で一番多いです。また、法律は全く厳しくありません。そのため「法律で罰せられるから、犯罪を犯さない」と考える人はほぼ皆無と思っていいです。

条件は、設問1と一緒です。あなたにはパンを買うお金がありません。でもB国ではパンを盗んでも、特に罪には問われません。その上であなたは、パンを盗みますか。それとも、「犯罪を犯してはならない」と考えて、盗みませんか。どちらか選び、選んだ理由も書いてください。

(1) パンを盗むと答えた生徒

B1（女）：（どうせ法律で罰せられないのならば）パンを盗む。治安が悪いのならば、それに乗じて自分も悪さをしてしまうんじゃないかな。

B2（女）：仮に自分がB国にいて、「犯罪をおかしてはならない」と強く思ったとしても、やはり食べなければ餓死をしちゃう。それだったら、やっぱ、盗むんじゃないかなー。

ここで、筆者は一旦生徒の発言を求めるのを止め、先の設問1、A国でパンを盗むと答えた生徒に発言を求める。B国でもパンを盗むのか、質問してみることにした。

A1（男）：やっぱり、パンを盗むと思う。さっきの国と違って死刑にならないし、罪にならないならば、やっぱりやるね。

A2（女）：盗みます。やっぱり死にたくない（笑）。

このように設問1のA国でパンを盗むと答えた生徒は、総じてB国においてもパンを盗むと回答している。

⑵　パンを盗まないと答えた生徒

筆者は、これまでの生徒への指名をやめB国においてパンを盗まないと回答した生徒達に挙手を求めることにした。すると三名の生徒から手が挙がった。

B3（男）：B国は「犯罪をおかしてはならない」と考える人が世界で一番多いんですよね。そういう状況、てか環境というのかな？（そこ）に（自分が）いれば、きっと自分もそう考えると思うんすよ。それなら、きっと社会をもっと良くしたいと思うと思うんです。だから、ちょっと自信は無いんですけど、盗まないと思うし、思いたいです！

B4（女）：B３君と同じになっちゃうけど、私、周りに流されやすいけど、そういう国にいれば自分は、きっと盗まないと思う。「犯罪をおかしてはならない」と考える人が周りにいれば、盗まないでいられると思うなぁ。

そして、パンを盗まないと答えた生徒の中に、先の質問でも「パンを盗まない」と答えたA３もいる。

A３（男）：さっきもいったけどぉ、自分にはポリシーがあるんすよ！ 太く短く（生きる）！ 周りが、犯罪をおかしていいとか、わりい（悪い）とかオレには関係ねえ（笑）。それとぉ、ますます恥をかきますね自分。だって、Bって国は犯罪をしちゃいけないってやつらが世界で一番多いんすよね？ 仮に死刑とかにならんでも、ほら、ツレ（友達）とか家族とかにはさすがにばれるでしょ。ってことはツレとかが、犯罪をしちゃいけないってBって国で洗脳されちゃっているんなら（笑）、そんな所でパン盗んで生きたって、恥ずかしくて表、歩けんですわ!!

パンを盗むと回答した生徒は法律の厳しさに関わらず、盗むと答えている。ここからうかがえるのは、彼らにとって法律の有無に限らず、「そうしなければ、自分は死んでしまう」というように、自分にとって利する方向を取る。

またパンを盗まないと回答した生徒のうちＢ３は不登校を前籍校で経験している。そうした中で、常に周りの目を気にしながらも、時にそれが爆発し、その瞬間を見た周りの生徒からすれば歪んだかたちに見受けられ、教員一同、注視している生徒の一人である。

一方で、Ｂ４は友人関係、教員との関係も良好で、周りに流されず、自分の意見をはっきり述べることもでき、特に問題視されていない生徒である。つまり教員にとっても友人にとっても、俗にいう「良い生徒」である。

最後にＡ国でもパンを盗まないと回答したＡ３であるが、「周りが、犯罪をおかしていいとか、わりい（悪い）とかオレには関係ねえ」としながらも、友人や家族のことを思うと、「恥ずかしくて表、歩けんですわ!!」と述べている。

この回答は、一件矛盾した内容に思える。しかしながら、こうした矛盾を抱え、葛藤を経験することも自分を知るという意味で良い機会であり、自分と社会を含めた他者を見る目を養う機会に繋がったと考えている。

５ パンを盗むのか、盗まないのか

設問３

あなたはパンを買うお金が無く、そしてこのままでは餓死してしまう状況にあるとします。あなたはパンを盗みますか。それとも盗みませんか。これまでの設問のように、法律の厳しい国であるとか、厳しくない国だとか、あえて条件を設定しません。あなたの率直な感想を記述してください。

これについては、授業時間の関係上最後に記述させ、口頭発表は無しとした。

C1（男）：自分は盗む。やっぱり死にたくない。

C2（女）：盗まない。盗んだら、もしかしたら私の周りで悲しむ人がいると思うし。ルールがあってもなくても。

C3（男）：自分は、盗まない。ルールがあろうが、なかろうが、社会をより良くするためには、犯罪を減らさなければなりません。どう考えても、パンを盗むのは窃盗という罪になります。治安をよくするには、やはり一人ひとりが犯罪をしてはならないと自覚するしかない。そのために、自分は盗まないを選択します。

C4（女）：盗みます。私ゎ、家族もいるし、私ゎともかく、家族だけゎ、死なせたくないですょ。

以上、パンを盗むのか、盗まないのかという1〜3の問いを通して、盗む生徒、盗まない生徒は一定数挙げられる。一方で、最後の設問3に至るまで生徒達の回答にどのような変化があったのだろうか。また設問を通して道徳心に何かしら影響を与えたのだろうか。

設問1、設問2でパンを盗むと回答した生徒達は、設問3においてもパンを盗むと回答している。さらに設問1、2でパンを盗まないと回答した生徒は、設問3においても総じてパンを盗まないと回答している。しかし、設問1、2では特定の生徒を指名しているという方式を採用している。それを聞いていた他の生徒の道徳心に少なからず影響を与えていたはずである。その点について、以下考察していきたい。

⑥ むすびにかえて

設問1～3まで一貫して、筆者は、授業者として、例えば「パンを盗んだとしたら、盗まれた人はどのような気持ちになるだろうか」「盗まれてしまった人は、パンがなくなってしまう。売り上げも無い。その人の生活はどうなるだろうか」等、誘導につながるような、発問をあえてしていない。

設問が移る際に指示は出すものの、設問に従って生徒自身が考え、記述し、そして発表させるという一連の活動を生徒主体に実施させた。このように筆者は、授業者であるが限りなく傍観者でいようと心がけた。それは、生徒達が、生徒同士の発表を聞いて、考えてもらいたいと願ったのが一つある。もう一つは、生徒の心境の変化、ひいては道徳的変化のきざしについて、筆者は授業者として、注視することに全力を注ぎたかったからである。

それでは、「思考力を育む道徳教育」は通信制高等学校に在籍する生徒達に実施する際、どのように授業を展開すれば良いのだろうか。この第一歩として今回の一連の生徒の様子を、下記の「道徳の五段階評価尺度」をもとに検討ならびに考察を加えたい。

表2　道徳の五段階評価尺度

1	権威への迎合、単純に誰かに叱られるからというような理由で罰を恐れる価値観。
2	褒美や恩などを期待する自己中心的な互恵主義的価値観。
3	忠誠心、皆が見ているから、恥ずかしい、良い子と見られたいというような他者志向的価値観。かわいそうというだけで行為の成果の意味を考えない場合。
4	法、慣習などこれまでの決まりや慣習に従うことだけを大事にする価値観。
5	家族、友人、組織、社会など多層化したレベルで理解した上で、自己の役割について自分の権威に基づいて判断している。それぞれの役割と背景（コンテキスト）についての相互理解のレベルを自己判断。

設問1、Ａ国の場合では、パンを盗むにせよ、盗まないにせよその選択理由があくまで「命が長くなるか短くなるか」に集約され、盗まれた店側の気持ち、社会の中での治安維持、他者や社会に目を配る意見はＡ４以外皆無であった。これは第二段階目、「褒美や恩などを期待する自己中心的な互恵主義的価値観」に相当するであろう。Ａ４は将来を見つめ、社会人として法を犯してはならないと考えており、第四段階目「法、慣習などこれまでの決まりや、慣習に従うことだけを大事にする価値観」に相当する。

さらに、設問2、B国の場合では、パンを盗むと回答した生徒の割合はA国と比較して、六割に増加した。こちらも先の第二段階目に相当すると考えて良い。一方で、パンを盗まないと回答した生徒の内容に変化が生じた。それは、A国が「命が長くなるか、短くなるか」という二者択一に近い回答がほとんどであったのに対して、周りに目が向けられている点にある。これは、「周りが犯罪をおかしてはならないと感じている環境下にあるならば、自分もそのように行動するのではないか」という意見からうかがえる。こうした生徒は、第三段階目「忠誠心、皆が見ているから、恥ずかしい、良い子と見られたいというような他者志向的価値観」に該当する。さらに、第五段階目「家族、友人、組織、社会など自己の役割を多層化したレベルで理解した上で、自分が自分の権威に基づいて判断している価値観」についても萌芽を感じた。それは、他者を気にしながらも、自分の正義感を貫くことをしたいと希望する回答や、A3（男）のように、「ツレ（友人）にどう映るか」という意識に重点が置かれながらも、「オレのポリシーを貫く」としている。つまり、B国でパンを盗まないと回答した生徒は、第三段階目と第五段階目の狭間で揺れ動いている。

パンを盗むか否か、A国とB国で行われた口頭発表というかたちで、出席した生徒一人ひとりは発言者の様子を見て、聞いているのである。こうしたやりとりの中で、本時の最後に設問3として、パンを盗むのか、それとも盗まないのか、全員に記述回答を求めた。盗むと回答したのは四割程度、盗まないと回答したのは六割程度という結果である。特にパンを盗まないと回答した生徒を、筆者なりに集計、分析をしてみると、第三段階目と第四段階目が主流であった。そして、先のB国の時と同様に第三段階目と第五段階目の狭間で揺れ動いている生徒の姿も数名見受けられた。

こうした結果を踏まえて、通信制高等学校に在籍する生徒特有の現段階における道徳性についてどのようなことがいえるのだろうか。結論を先に述べると、通信制高等学校に在籍する生徒達は第二段階目から第五段階目の萌芽の段階まで、幅広く存在する。特に注目に値するのが、第四段階目を飛ばしたかたちで第三段階目と第五段階目の狭間で揺れ動いている生徒が存在している点にある。

これまでみてきた通り、通信制高等学校に在籍する生徒達は、多様な背景を有しながら、そしてそのほとんどが不本意ながら（転）入学してくる。一方で、現在、日本の全日制高等学校は基本的に公立、私立を問わず学力によって選抜する手法を取っている。これによって、それぞれの全日制高等学校は、一定の学力層によって固められ、似たような文化的、社会的背景を有する生徒で集約される。その関係で、全日制高等学校では、生徒に対して一定の文化的・社会的背景に配慮した指導を行うことができるであろう。

二〇一五年度より文科省の決定により道徳の時間が教科化されているが、通信制高等学校もその対象となった。多様な背景を有した生徒達にとって有益な道徳の時間とはどのようなものか。一青年として自立するための思考力を育むような道徳の時間の設定は、通信制高等学校においても可能なのであろうか。本論はそこまで断定および結論づけることは難しい。だからこそ、今後益々の全日制高等学校ならびに通信制高等学校の垣根を越えたかたちでの、道徳の時間の授業実践の報告が急務といえる。

注

(1) A高校では、基本的に入学を希望すればいかなる生徒をも受け入れる姿勢である。中には、進学校を辞めた生徒をはじめ、学力の高い生徒、そして、経済資本や文化資本の豊富な生徒も多く在籍している。

しかしながら、A高校では、どちらかといえば、不登校、いじめといった生徒をもう一度社会の日常（レール）に戻すということを方針にしていた。つまり生徒指導（A高校の教員達は日常的に「生徒対応」と言うが）の主眼は、弱者とされる子ども達に向けられたものが基本となっている。

(2) いわゆる全日制高等学校で普段実施されている、一斉授業を指す。筆者の勤務するA高校は二期制であり、一教科につき前期・後期それぞれ一回のスクーリングを課している。

(3) もちろん、「一青年として自立させる」ことにのみ教育目標を掲げるならば、道徳の時間以外にも、登校時、下校時のホームルームも貴重な時間であろう。しかしながら、A高校には、ホームルームも厳密には設定されているとはいえない。結果として、生徒指導はスクーリングを中心とした教科指導の中で行うしかなく、それでも厳しい場合には、各教員が個別に呼び出して生徒指導を行っているのが現状である。

(4) A高校においては、それら学習センターが主体となって、日頃生徒指導を実施していた。他の通信制高等学校の場合、学習センターのことをキャンパスと呼んだり、サポート校と呼んだり、名称は様々である。

(5) これは、生徒達がA高校にやってくる前の、前籍校において、公民を履修した者とそうでない者に分かれるためである。A高校は、二年次より公民分野に相当する科目として現代社会を設定している。仮に一年次よりA高校に在籍していた場合は、本時のスクーリング対象者となる。また前籍校において、公民分野の単位を修得していた場合は、本時のスクーリング対象にはならない。

⑹　しかし、実際のところ管理職より出席した生徒は、基本的に認定はもちろんのこと、A判定とするように指示される。仮に、BおよびC判定、ないし不認定とする場合にはその理由を該当生徒のスクーリングシート内に明記するように求められる。

例えば、「スクーリング中に居眠りをした」「スクーリング中に関係の無い私語を行った」「再三にわたる担当教員の指導に従わなかった」などである。そのため多くのA高校の教員は、出席した生徒についてはA判定を下し、認定する。

⑺　しかし、日頃レポートが遅延していたり、不登校傾向のある生徒が登校した場合、さらにその生徒が「頑張って登校した！」という様子がうかがえる限り、担任の判断によって、多少の遅刻を認める場合もある。そのため、実際にスクーリングを担当する教員は、日頃から担任との連携も当然のことながら取っておかなければならず、一人ひとりの生徒状況を全教職員が把握するように努めている。

⑻　スクーリング中に関係無い私語は行わない。携帯電話の電源はＯＦＦにする。担当教員の指示には従うこと。これらのことに従わない場合には、退場もしくは不認定となる場合もあるから注意すること等。

⑼　原則的には、スクーリングシートに一箇所でも空欄がある場合は、評価を下げなければならず、最

悪の場合は不認定とすると生徒に伝えているからである（本音のところは、注6の通りであるが）。通信制高等学校に在籍する生徒はあくまで高等学校の卒業が第一の目標なので、担当教員はそれぞれくまなく、机間巡視をし、回答を促すことが求められる。

執筆者一覧

第一部　浅沼　茂

第二部　実践1　山口夕貴（聖心女子学院初等科 教諭）

実践2　大野俊一（慶應義塾幼稚舎 教諭）

実践3　塙万里奈（都内小学校 教諭）

実践4　竹村直記（ブリティッシュコロンビア大学 博士課程）

実践5　柴田祥彦（東京都立国分寺高等学校 指導教諭）

実践6　石井瑞穂（桐生市立商業高等学校 教諭）

実践7　小山貴博（函館女子短期大学 助手）

あとがき

本書を思い立ったのは、繰り返すが、三〇年以上前にもなるアメリカ留学時代からである。コールバーグもハーバーマスもそれらの理論は難解であるが、実践的な可能性をより含んでいることは確信していた。はからずも今日、道徳教育が焦眉の課題となり、このアイデアもって現場の教師、学生諸君に実践してもらった内容は、理論を凌駕するものであった。

私自身の病のため、出版がさらに遅れることになったが、内容は何ら古びることなく、今後の道徳教育のみならず、すべての教科においても重要な価値観と思考力を養う実践の一試金石となるものと確信している。

浅沼　茂

◆編著者紹介

浅沼　茂

1951年東京生まれ。1986年米国ウィスコンシン大学マジソンにてカリキュラム理論でPh.D.（哲学博士）を取得。帰国後，聖路加看護大学講師・助教授，名古屋大学教育学部ならびに同大学院国際開発研究科助教授，東京学芸大学教授などを歴任し，現在立正大学特任教授。

著書等は『新版カリキュラム研究入門』（安彦忠彦編，勁草書房），編著『ポストモダンとカリキュラム』（みくに出版），編著『総合学習のカリキュラムをつくる』（教育開発研究所），編著『中学校　個に応じる少人数指導』（黎明書房）など。

思考力《しこうりょく》を育《はぐく》む道徳教育《どうとくきょういく》の理論《りろん》と実践《じっせん》

2018年3月20日　初版発行

編著者　浅《あさ》　沼《ぬま》　茂《しげる》
発行者　武　馬　久　仁　裕
印　刷　藤原印刷株式会社
製　本　協栄製本工業株式会社

発　行　所　株式会社　黎《れい》　明《めい》　書《しょ》　房《ぼう》

〒460-0002　名古屋市中区丸の内3-6-27　EBSビル
☎ 052-962-3045　FAX 052-951-9065　振替・00880-1-59001
〒101-0047　東京連絡所・千代田区内神田1-4-9　松苗ビル4階
☎ 03-3268-3470

落丁本・乱丁本はお取替えします。　ISBN978-4-654-01947-2